U1009675

战略性新区会计制度初探

郑海君　陈飞儿　著

WUHAN UNIVERSITY PRESS
武汉大学出版社

图书在版编目(CIP)数据

战略性新区会计制度初探/郑海君,陈飞儿著. —武汉：武汉大学出版社,2015.5

ISBN 978-7-307-15590-9

Ⅰ.战…　Ⅱ.①郑…　②陈…　Ⅲ.会计制度—研究—中国　Ⅳ.F233

中国版本图书馆 CIP 数据核字(2015)第 076954 号

责任编辑:陈　红　　　责任校对:李孟潇　　　版式设计:马　佳

出版发行：**武汉大学出版社**　(430072　武昌　珞珈山)
(电子邮件：cbs22@ whu. edu. cn　网址：www. wdp. com. cn)
印刷:武汉中远印务有限公司
开本：720×1000　1/16　印张:9.5　字数:136 千字　插页:1
版次:2015 年 5 月第 1 版　2015 年 5 月第 1 次印刷
ISBN 978-7-307-15590-9　定价:28.00 元

版权所有，不得翻印；凡购我社的图书，如有质量问题，请与当地图书销售部门联系调换。

前　言

会计制度是对商业交易和财务往来在账簿中进行分类、登录、归总，并进行分析、核实和上报结果的制度，是进行会计工作所应遵循的规则、方法、程序的总称。特定的会计环境产生特定的会计制度。本书主要探讨的是如何在国家级新区、国家自由贸易试验区等新经济环境下，灵活地推进新的会计政策的运用，走出一条区域创新发展的路子。

国家级新区，是指新区的成立乃至于开发建设上升为国家战略，总体发展目标、发展定位等由国务院统一进行规划和审批，相关特殊优惠政策和权限由国务院直接批复，在辖区内实行更加开放和优惠的特殊政策，鼓励新区进行各项制度改革与创新的探索工作。

自由贸易区是指在贸易和投资等方面比世贸组织有关规定更加优惠的贸易安排，在主权国家或地区的关境以外，划出特定的区域，准许外国商品豁免关税自由进出，实质上是采取自由港政策的关税隔离区。

新区和自贸区的“魅力”主要体现在两方面。其一，新区和自贸区实质上拥有一项特殊管理权，作为一种管理经济的新方法，其新体现在赋予了更多的经济管理权限，在更大的范围内打破了传统行政区划壁垒。其二，也是重要的一点，新区和自贸区意味着将得到国家政策更多的支持。

2011 年，经国务院批准，财政部、国家税务总局联合下发营业税改增值税试点方案。从 2012 年 1 月 1 日起，在上海交通运输业和部分现代服务业开展营业税改征增值税试点。融资租赁又称设备租赁或现代租赁，是指出租人根据承租人对租赁物件的特定要求和对供货人的选择，出资向供货人购买租赁物件，并租给承租人使用，承租人则分期向出租人支付租金，在租赁期内租赁物件的所有权属于出租人所有，承租人拥有租赁物件的使用权。融资租赁是集融资与融物、贸易与技术更新于一体的新型金融产业。我国20世纪80年代初引进这种业务方式后，三十多年来得到了迅速发展。

本书将重点探讨营改增、融资租赁等新的思路和模式在新区、自贸区的实施效果及进行经验总结，并结合美国、新加坡、日本、英国等发达国家的会计制度及发展经验，提出新区、自贸区创新发展的会计制度方面的可行性建议。新经济环境对传统的会计制度提出了新的要求。会计制度要在传统经验的基础上，不断创新，以适应新区、自贸区的持续发展。

全书共分六章，其中第一章由陈飞儿撰写，其余五章由郑海君撰写。

目　录

第一章　绪　　论

1. 战略性新区发展背景

国家级新区，是指新区的成立乃至于开发建设上升为国家战略，总体发展目标、发展定位等由国务院统一进行规划和审批，相关特殊优惠政策和权限由国务院直接批复，在辖区内实行更加开放和优惠的特殊政策，鼓励新区进行各项制度改革与创新的探索工作。

1.1　国家级城市新区战略的提出

1.1.1　城市新区布局与国家改革开放新格局的形成

改革开放三十多年来，我国走出了一条沿海率先开放、沿海带动内陆开放的非均衡发展路径。目前，已经进入沿海、内陆和沿边全方位开放、一体化发展的新阶段。三十多年来，国家先后实施了上海浦东新区和天津滨海新区 2 个新区的开发开放战略，从而促进了长三角、环渤海经济圈的崛起。近年来，为适应国家全方位开放和区域一体化发展的需要，国家批准设立城市新区的步伐明显加快、覆盖区域更加广泛。2010 年以来，国家陆续批准设立了重庆两江新区、浙江舟山群岛新区、甘肃兰州新区、广州南沙新区、陕西西咸新区、贵州贵安新区、青岛西海岸新区、大连金普新区以及四川天府新区 9 个新区。目前，全国已有国家级城市新区 11 个(见表 1)，总体呈现由南向北、由沿海到内陆渐次推进的特点。

国家级城市新区起着实施国家战略的重要支点作用，具有外向型、高端化和战略性特征，面向国际、国内两个市场，最大限度地发挥了城市集聚与辐射效应，是带动区域发展的重要增长极。特别是在我国新一轮开放呈现出“两带一路”贯通东西、国家中心城市发挥全局性辐射带动作用、沿海内陆沿边全方位开放的格局基本形成的背景下，11个城市新区进一步凸显了新区作为改革开放高地的战略地位。

表1　　国家级城市新区对国家战略经济区的支撑

名　称	批复时间	国家定位
上海浦东新区	1992年10月	国家“四个中心”的核心区、综合改革的试验区、开放和谐的生态区
天津滨海新区	1994年3月	依托京津冀、服务环渤海、辐射“三北”、面向东北亚，努力建设成为我国北方对外开放的门户
重庆两江新区	2010年5月	依托重庆及周边省份，服务西南，辐射中西部的国家综合配套改革试验区，统筹城乡综合配套改革试验的先行区
浙江舟山群岛新区	2011年6月	浙江海洋经济发展的先导区、海洋综合开发试验区、长江三角洲地区经济发展的重要增长极
甘肃兰州新区	2012年8月	西北地区重要的经济增长极、国家重要的产业基地、向西开放的重要战略平台和承接产业转移示范区，带动甘肃及周边地区发展、深入推进西部大开发、促进我国向西开放
广州南沙新区	2012年9月	立足广州，依托珠三角，连接港澳，服务内地，面向世界，粤港澳优质生活圈和新型城市化典范，打造粤港澳全面合作示范区

续表

名 称	批复时间	国家定位
陕西西咸新区	2014 年 1 月	深入实施西部大开发战略的重要举措，探索和实践以人为核心的中国特色新型城镇化发展道路，拓展我国向西开放的深度和广度
贵州贵安新区	2014 年 1 月	黔中经济区核心地带，深入实施西部大开发战略，探索欠发达地区后发赶超道路，发展内陆开放型经济
青岛西海岸新区	2014 年 6 月	青岛西海岸新区位于胶州湾西岸，包括青岛市黄岛区全部行政区域。青岛西海岸新区区位条件、科技人才、海洋资源、产业基础及政策环境等综合优势明显，具备推进陆海统筹、城乡一体及军民融合发展的独特条件
大连金普新区	2014 年 7 月	进一步深化改革开放，引领辽宁沿海经济带加速发展，带动东北地区振兴发展，进一步深化与东北亚各国各领域的合作。设立并建设好大连金普新区，对于促进东北地区等老工业基地全面振兴、深入推进面向东北亚区域开放合作具有重要意义
四川天府新区	2014 年 10 月	要把建设四川天府新区作为深入实施西部大开发战略、积极稳妥扎实推进新型城镇化、深入实施创新驱动发展战略的重要举措，为发展内陆开放型经济、促进西部地区转型升级、完善国家区域发展格局等发挥示范和带动作用

1.1.2 国家级城市新区战略的基本功能

国家级城市新区一般具有以下特征：区域性空间转移和功能重组，培育网络化的空间结构，战略性功能平台建设开发，更广泛的区域合作与整合，非均质发展与紧凑的空间形态[1]。

(1)国家级城市新区是承载国家发展战略的重要极点

国家级城市新区的全面深化改革上升为国家战略，成为探索我国发展战略转型的重要突破口。其改革发展已超越经济体制改革，拓展到政治体制改革、繁荣文化改革、统筹城乡改革和民生改革等领域。随着我国的改革进入“攻坚期”和“深水区”，国家级城市新区要探索不同主题的可示范、可复制及可推广的经验，在统筹发展和先行先试的基础上，担负起改革“急先锋”的使命，领航我国大开发和大开放，为实现全面建成小康社会作出应有的贡献。

(2)国家级城市新区可以进一步扩大中心城市的辐射带动作用

国家级城市新区均选址在中心城市边缘地区，都有一定发展基础和较大空间，一般拥有港口、空港等国际门户设施。新区建设首先改变和提升了中心城市的功能，强化了中心城市的地位，从而使中心城市发挥更大的辐射带动作用，进而带动核心城镇群的发展升级，使新区在区域中成为经济与产业发展的源头和龙头，从而强化中心城市的辐射带动作用。

(3)国家级城市新区可以提升区域经济发展的水平和质量

国家级城市新区被视为拉动经济增长与推动产业发展的“武器”，不仅有利于刺激经济增长、提高城市地位、增加财政收入及完善城市布局，还可以达到平衡区域城市发展的效果。另外，国家级城市新区在国家政策的支持下，形成强大的“磁场效应”，进一步促进招商引资、推动相关改革，为城市带来众多发展机会，最终推动区域经济密度的极大提升，并通过共享性的发展措施实现包容性的社会共同发展，这就是新区“先行先试”的经济真义。

(4)国家级城市新区是探索城乡统筹、科学发展的新路径

国家级城市新区的设置集中和叠加了我国贯彻科学发展观所面对的各种问题。目前，传统工业化道路已不能适应统筹城乡发展和实现科学发展的要求，统筹城乡配套改革的重点是围绕推进城乡经济协调发展、推进城乡劳动力就业、土地合理流转和集约利用这3条主线开展改革试验。在此背景下设置国家级城市新区，引入开发开放新体制，促进生产要素合理流动，承接国际和沿海地区产业转移，有助于走出一条内陆地区新型工业化和城镇化道路。

1.2 国家级城市新区战略的推进实施

(1)充分考虑对国家经济区的战略支撑

国家级城市新区的批复与设置，一般都是以国务院批复的国家战略为依托，以国家经济功能区为支撑设置的。上海浦东新区、浙江舟山群岛新区依托长江三角洲经济圈，作为长三角城市圈的开放门户；天津滨海新区、大连金普新区、青岛西海岸新区作为我国北方对外开放门户，依托京津冀经济圈、服务环渤海经济圈，辐射三北，面向东北亚；广州南沙新区依托珠三角经济区，连接港澳，服务内地，面向世界；重庆两江新区、甘肃兰州新区、陕西西咸新区、四川天府新区和贵州贵安新区依托中西部地区，作为重庆—成都—西安城市群的桥头堡，承接国家西部大开发战略。

(2)充分考虑生产力空间布局的均衡

从国家级城市新区设置的时间及区位来看，沿海地区快于中西部地区，近年来新区设置逐步向中西部转移。2010 年 6 月，重庆两江新区成立，依托重庆及周边省份，服务西南，作为辐射中西部国家综合配套改革试验区，统筹城乡综合配套改革试验的先行区。2012 年 8 月，甘肃兰州新区成立，作为国家西部大开发战略的先行区向西北部地区延伸。2014 年 1 月，陕西西咸新区成立，作为深入实施西部大开发战略的重要举措，拓展我国向西开放的深度和广度，贵州贵安新区依托黔中经济区向我国中南部延伸，是承接国家西南战略拓展的试验区。2014 年 10 月，四川天府新区成立，作为深入实施西部大开发战略、深入实施创新驱动发展的重要举措。建立西部新区意在深化西部大开发战略，建设以成渝、兰州及贵州等地区为核心的城市群，形成以若干省域中心城市为核心，大、中、小城市密切联系的城市发展网络。

(3)充分考虑新区自身的功能定位

国家级城市新区的功能定位均特色鲜明，体现国家定位，具有可复制的示范意义。新区设置目的可以概括为：承接国家发展战略，进行各项制度改革与创新的探索工作。近年来，在我国一些新区的定位中，还特别强调了体制创新和对外开放的特性。从已有的新区战略定位看，大多强调新区在区域中的核心地位，强调新区的优势特色，强调产业与城市功能的融合。天津滨海新区的定位最为中规中矩，反映了基本定位内容。重庆两江新区强调了自己在区域发展中的核心地位，即我国内陆重要的先进制造业基地和现代服务业基地，长江上游地区金融中心和创新中心。西安西咸新区和广州南沙新区的定位很有特色，西咸新区突出了定位的历史文化内涵，即彰显秦汉文明、推动国际文化交流的历史文化基地，广州南沙新区则提出国际智慧海滨城市的概念，强调了国际化、现代化的城市内涵。

(4)充分考虑新区对区域经济增长的推进作用

获批的国家级城市新区的相关区域均经过一段时间的经济快速发展，作为周边城市群的桥头堡，发挥着区域经济增长极的作用，具备了在较高起点上实现跨越式发展的基础条件。

(5)充分考虑新区发展的产业定位

新区的产业发展需要处理好与中心城区的关系，在充分考虑新区自身的产业发展实际的基础上，作出有利于自身长期发展并符合产业发展规律的产业选择。通过培育特色产业，增强产业竞争力，以特色产业构筑特色新区。通过确立优势互补、错位发展思路，建立协调机制，形成新区与周边区域主导产业的有效分工与配套，打造区域特色突出、功能定位明确的产业聚集区。新区优势特色产业选择不应太多，少而精更有利于形成比较优势和集聚效应。新区主导产业要与中心城区有所区别，为加快培育新区产业，中心城区部分产业需要适当转移配置到新区。

(6)充分考虑新区的城市空间结构

新区的空间结构是新区职能的空间载体与实现形式，主要体现为城市形态，即新区内固定要素的空间构造以及新区与周边地区的相互作用。新区的空间结构需要充分考虑自然地貌特征、新区与老城的关系、新区内部生活居住与产业发展的平衡、现有交通线路对产业发展和人口聚集的作用、新区范围内城乡统筹发展，在此基础上确定新区的主要空间发展方向和结构。

(7)充分考虑新区的体制机制创新采取统分结合管理体制

从上海浦东新区和天津滨海新区等成熟新区的体制变动情况来看，大多适应经济社会发展对管理职能转变的要求，实现了阶段设计、渐进改革、适时调整、逐步完善，促进了新区管理体制沿着初创期——发展期——建成期的发展模式实现转型与升级。初创期，新区战略性重大事项实行统一决策，具体开发建设事务实行属地管理，发挥宏观管理机构与县区(开发区)各自优势，共同参与新区开发建设。发展期，随着新区开发与建设走向深入，建立综合管理机构——管委会，全面负责托管新区范围内各行政区和开发区事务，形成"一个平台，一体化运作"的管理模式。建成期，在新区大规模基础设施与功能区建设完成之后，新区体制由开发建设为主进入城区管理为主的阶段，最终实现由经济功能区向行政区的过渡。

2. 自贸区发展背景

2.1 自贸区发展历程

自由贸易区通常指两个以上的国家或地区，通过签订自由贸易协定，相互取消绝大部分货物的关税和非关税壁垒，取消绝大多数服务部门的市场准入限制，开放投资，从而促进商品、服务、资本、技术、人员等生产要素的自由流动，实现优势互补，促进共同发展。有时它也用来指一国国内一个或多个消除了关税和贸易配额，并且对经济的行政干预较小的区域。

世界自贸区最早发端于欧洲及地中海沿岸国家，19 世纪以后逐步从地中海沿岸国家转经波斯湾、印度洋扩散到亚洲国家。20 世纪 20 年代后，美洲大陆开始建设自贸区。1936 年美国出现第一个对外贸易区即纽约 3 号，主要功能是从事对外贸易和转口贸易。第二次世界大战后到 20 世纪 60 年代，世界自贸区进一步拓展。1958 年爱尔兰设立香农出口自由区，被誉为世界上最早从事出口加工的自贸区。1966 年中国台湾创建高雄出口加工区，使自贸区功能扩大到加工制造领域。之后，世界自贸区进入迅速发展期，成为新型经济体国家(地区)开展对外贸易、引进外资与扩大就业的重要载体。据汇丰银行研究，全球119个国家和地区已建立2300多个自贸区，出口总额超过2000亿美元，创造了4000多万个直接就业岗位，间接就业岗位高达6000万个。即使是美国、德国等经济发达国家，也十分重视发挥自贸区的作用。世界主要自由贸易区分布及介绍见图1。

图1　世界主要自由贸易区分布及介绍

世界自贸区的功能定位，主要依据区位条件和贸易流量而不断调整优化。如早期美国自贸区仅有进出口贸易、转口贸易和仓储功能，1950年6月，美国国会修订了法案，允许对外贸易区增加展销和加工制造功能。1980年美国国会又进行新的修订，鼓励发展加工工业，允许用美国的零部件和外国原材料装配成品，其增值部分免税。1991年10月8日，美国对外贸易区管理局颁布新条例，自贸区功能扩展到进出口贸易、保税仓储和商业加工、商品展销等。

2.2　自贸区类型

世界自贸区可分为贸易型、出口加工型和贸工混合型三类[10]。

但从功能整合和区域划分看，自贸区可细分为更多类型(见表2)。

表2　　世界自贸区类型

类　型	代表区域	特　点
自由港	中国香港、新加坡、毛里求斯等离岸自由港	一个国家或地区整体的开发目标和功能同港口本身的货物集散中心作用紧密相连，位于外贸货物吞吐量大、国际航线多、联系的国家和地区多的港口
自由贸易港区	德国汉堡港、爱尔兰香农、韩国釜山-镇海、印尼巴淡、菲律宾苏比克湾、马来西亚自由贸易区	一个国家或地区内，兼备贸易、出口加工业，并允许和鼓励金融业、旅游业、交通电讯业和科教卫生事业发展
贸易型自由贸易区	巴拿马科隆、智利伊基克自由贸易区	利用优越的自然地理环境，以贸易为主，发展国际贸易，促进区内经济全面发展
出口加工区(工业型的自由贸易区)	韩国马山、中国台湾高雄、台中、孟加拉、埃及、尼日利亚、叙利亚等国家和地区的出口加工区	以从事加工为主，以转口贸易、国际贸易、仓储运输服务为辅
工贸结合型自由贸易区	阿联酋贸易自由区、土耳其爱琴海自由贸易免税区	交通位置优越，从事出口加工、转口贸易、国际贸易、仓储运输等综合业务
保税仓库区(物流型的自由贸易区)	荷兰鹿特丹港、比利时安特卫普港、美国对外贸易区、英国自由港	利用保税政策而设立，厂商或贸易上能够把握最有利的时机，将仓储的货物转销到其他国家和地区，以获得最佳利润

首先，从功能整合看，自贸区有六种模式。

一是转口集散型模式。主要从事港口装卸、货物储存、商业加工和货物转运，如德国汉堡自由港、西班牙巴塞罗那自由区、意大利热那亚自贸区等。二是贸工综合型模式。多数自贸区属于这种类型，如菲律宾马里韦莱斯自贸区、土耳其伊斯坦布尔自由区、中国台湾高雄自贸区等。三是出口加工型模式。这类自贸区以出口导向制造业为主，融合国际贸易、储运服务功能。如菲律宾、马来西亚、韩国、印度、印尼等国的出口加工区。四是保税仓库型模式。这类自贸区允许外国货物不办理进口手续，可连续长时间进行保税或开展再包装、挑选、处理等业务活动。如意大利巴里免税仓库、阿根廷布宜诺斯艾利斯免税货仓等。五是商业零售型模式。指在自贸区专门辟有商业区从事展示和零售业务活动。如智利伊基克自贸区。六是综合发展型模式。指在规定的自由区范围内，无论是供当地消费或转口输出，进口商品原则上都不征收关税，如中国香港、新加坡等自由港。

其次，从区域划分看，自贸区有四种模式。

一是港城融合模式。这种模式把口岸所在城市全部划为自贸区，整个港口城市兼具转口贸易、出口加工、金融、商业、旅游等多种功能。园区内允许居民居住、生活、娱乐，并享有免税进口消费品，如中国香港、新加坡等自由港。二是港城分离模式。这种模式是把口岸所在城市的一部分划为自贸区，如德国汉堡港。只有外国商品运入这一区域才享有免税优惠待遇，但通常不允许居民居住、生活、娱乐，也不享有免税进口消费品。三是跨境园区模式。是指接壤国家(或地区)在法律约束下，按照合作方案各自划出相应面积的接壤土地，整合成特殊经济监管区，如美国、墨西哥边境的马魁拉多工业园区。四是主副园区模式。如美国由于空间和产业布局需要，允许为特别用途的企业建立对外贸易区的分区或专用区。

2.3 自贸区发展趋势

当前，随着经济全球化、贸易自由化发展，世界自贸区呈现出功能综合化、区域规模化和经济自由化的联动发展趋势。

一是经贸活动走向综合化。目前，以减税为主、功能单一的自贸区的政策优势已经弱化，逐步被兼具贸易型、工业型、贸工结合型等功能的综合型自贸区所取代。

二是区域规划走向规模化。为了满足区内工业、商业、金融业和旅游业等的发展需要，更好地发挥产业集群、规模效益、管理效率和抗风险能力等优势，自贸区规模不断扩大。

三是管理模式转向境内关外型。为了参与和融入经济全球化、自由化进程，促进分工合作和联动发展，自贸区对生产要素的吸纳和扩散功能增强，以带动当地和邻近区域经济增长。

2013 年 9 月 27 日国务院批准建立包括上海市外高桥保税区、外高桥保税物流园区、洋山保税港区和上海浦东机场综合保税区在内的上海自贸区，总面积为 28.78 平方公里。上海自贸区作为国内首个自贸区，顺应了全球贸易发展新形势，由保税区到自贸区，是中国新一轮对外开放模式的重大尝试，将成为撬动中国新一轮改革开放的支点。

第二章　现有制度

1. 现有会计制度

会计制度是对商业交易和财务往来在账簿中进行分类、登录、归总，并进行分析、核实和上报结果的制度，是进行会计工作所应遵循的规则、方法、程序的总称。国家统一的会计制度是指国务院财政部门(即财政部)根据《会计法》制定的关于会计核算、会计监督、会计机构和会计人员以及会计工作管理的制度。根据《会计法》的规定，国家统一的会计制度，由国务院所属财政部制定；各省、自治区、直辖市以及国务院业务主管部门，在与《会计法》和国家统一会计制度不相抵触的前提下，可以制定本地区、本部门的会计制度或者补充规定。

会计制度的内容，有详有简。详细的会计制度应包括：会计凭证的种类和格式以及编制、传递、审核、整理、汇总的方法和程序；会计科目的编号、名称及其核算内容；账簿的组织和记账方法；记账程序和记账规则；成本计算方法；财产清查办法；会计报表的种类、格式和编制方法、报送程序；会计资料的分析利用；会计检查的程序和方法；电子计算机在会计中的应用，会计档案的保管和销毁办法；会计机构的组织；会计工作岗位的职责等。

特定的会计环境产生特定的会计制度。会计制度的建设是一项系统工程，中华人民共和国成立以来，我国会计制度体系经历了多次改革。我国会计制度的演变与我国经济体系改革的步伐相协调。我国企业会计制度经过了从无到有、从单一的会计制度模式到多种会计制度并存，再到国家统一的会计制度模式，进而又发展到了与国际惯例相趋同的会计准则模式的历程。每一阶段会计制度的建立与完善，均对我国的经济建设起到了积极的促进作用。其过程大致可以分为 3 个阶段，分别为计划经济体制时期的会计制度、有计划商品经济时期的会计制度和社会主义市场经济时期的会计制度[2]。

1.1 计划经济体制时期的会计制度

我国计划经济体制时期，是从新中国成立一直到党的十一届三中全会的召开，即 1949—1978 年。这一阶段的会计制度主要表现为以公有制为基础的高度统一的分所有制、分行业、分部门会计制度体系。首先，专门的主管会计工作的机构成立。1949 年 12 月，财政部设立了主管会计工作的专门机构，负责统一会计制度的拟定、审核、发布和实施。其次，形成统一的财政经济体制。国家在 1950 年 3 月颁布了《关于统一国家经济工作的决定》。最后，专门的主管会计工作的机构构建全国统一的会计制度。该机构自成立以来的两年多的时间里，先后颁布了《金库会计制度》、《各级人民政府暂行总预算会计制度》、《各级人民政府暂行单位预算会计制度》等一系列会计制度，这些会计制度适应计划经济体制的要求，形成了高度集中以及全国统一为特征的会计制度框架。

随着我国进入第一个五年计划时期(1953 年开始)经济发展的需要，会计制度的建设仍然依附于计划经济体制，按部门、分所有制、分行业一统到底，学习前苏联的会计制度体系模式，以更好地为国家宏观经济管理服务。其间财政部颁布的会计制度主要有：《国营工业企业会计制度》、《国营商业企业会计制度》、《国营供销企业会计制度》等。

1.2 有计划的商品经济时期的会计制度

这一时期从党的十一届三中全会召开至我国《企业会计准则——基本准则》、《企业财务通则》的颁布实施，即 1979—1992 年。这一阶段的会计制度变革主要围绕我国经济体制的改革而进行，为适应经济发展的需要，我国的会计制度也进入了改革时期。1979 年中国会计学会成立，1980 年 10 月召开了全国会计工作会议。这些都对会计制度改革产生了重要的影响。20世纪80年代初，财政部修订并颁布实施了《国营工业企业会计制度》；1981年，修订并颁布实施了《国营供销企业会计制度》、《国营施工企业会计制度》等；1984年4月，财政部发布了《会计人员工作规则》；1984年6月颁布实施了《会计档案管理办法》；1985年3月正式颁布《中外合资企业会计制度》，为我国会计制度与国际会计惯例协调迈出了第一步。1985年1月颁布的《中华人民共和国会计法》标志着我国会计工作走上了法制化的发展轨道；1986年4月10日颁布了《会计专业职务试行条例》；1986年7月颁布了《中国注册会计师管理条例》；1990年12月颁布实施了《总会计师条例》。

1.3 社会主义市场经济时期的会计制度

这一时期从党的十四大召开至现在。自1992年后，我国会计制度的改革步伐进一步加快，财政部不断出台新的会计准则，同时也在不断修订存在问题的会计准则。这一阶段的会计制度变革主要围绕我国会计制度的国家化与国际化问题进行。具体表现为：

(1)会计核算体系初步实现与国际惯例接轨

根据“建设有中国特色的社会主义市场经济”的理论，1992年底，财政部发布了《企业会计准则》及《企业财务通则》，对会计要素的确认、计量和披露作出了原则性的规定，使得我国会计核算中会计要素与国际惯例相同，同时财政部以两则为基础，陆续制定并发布了13个行业的企业会计制度和企业财务制度，打破了原来会计制度分所有制的界限，并重新修订了《会计法》。同时为配合我国企业的股份制改造，财政部在1992年还颁布了《股份制试点企业会计制度》，1993年6月又颁布了《关于股份制试点企业如何执行新会计制度的若干问题的规定》，以保证该会计制度的实施。1993年10月颁布的《中国注册会计师法》，进一步以法律的形式确立了注册会计师的地位与职能；1993年12月至1994年6月财政部又先后颁布了《关于增值税会计处理的规定》、《关于消费税会计处理的规定》等适应税制改革的会计核算办法，以配合我国的税制改革；同时为配合外汇制度的改革，1994年还先后颁布了《关于外汇管理体制改革后企业外币业务会计处理的规定》、《关于外汇管理体制改革后企业外币业务会计处理的补充规定》；1998年颁布了《股份有限公司会计制度》取代原来的《股份制试点企业会计制度》，以适应现代企业制度的要求。1996年6月财政部颁布《会计基础工作规范》，首次较系统地提出了会计职业道德的具体要求，1996年12月中国注册会计师协会发布了《中国注册会计师职业道德基本准则》；在1997年之后，我国财政部又相继颁布了《企业会计准则——关联方关系及其交易》、《企业会计准则——建造合同》、《企业会计准则——现金流量表》等13项具体会计准则，具体会计准则与基本会计准则共同为我国会计标准走向与国际会计惯例接轨创造了前提条件，加快了我国会计制度与国际会计惯例接轨的步伐，成为我国会计制度改革的重要里程碑。至此，形成了我国企业会计准则与分行业会计制度并存的状态。

(2)不断加快与国际会计惯例相协调的步伐，建立中国特色的会计制度体系

自2001年始，我国会计制度改革的步伐不断加快，积极引导企业建立与完善内部会计控制制度，同时有关方面已经充分意识到会计职业道德在保证会计制度的贯彻执行、保障内部会计控制程序的有效运行方面具有重要作用。具体内容主要有：财政部于2000年12月制定和颁布了《企业会计制度》，2001年发布《金融企业会计制度》；2004年发布《小企业会计制度》与《民间非营利组织会计制度》；2001年6月后，财政部相继发布了《内部会计控制规范——基本规范(试行)》、《内部会计控制规范——货币资金(试行)》、《内部会计控制规范——采购与付款(试行)》等。中国注册会计师协会于2002年6月，发布了《中国注册会计师职业道德规范指导意见》，为注册会计师在执业中树立职业道德信念、进一步提高职业道德水准提供了保证。为进一步加快与国际惯例相协调的步伐，财政部于2001年又颁布了《企业会计准则——中期财务报告》、《企业会计准则——存货》、《企业会计准则——固定资产》3项具体会计准则，至此共有16项会计具体准则。

(3)基本实现与国际会计惯例的趋同

财政部于2006年2月15日发布了重新修订的《企业会计准则——基本准则》,《企业会计准则第1号——存货》、《企业会计准则第2号——长期股权投资》等38项会计具体准则，规定从2007年1月1日开始在上市公司执行，鼓励其他企业执行，执行企业会计准则后，不再执行企业会计制度。这标志着我国的会计制度基本实现了与国际会计惯例的趋同。

1.4　我国会计制度的前景展望

通过分析我国会计制度的变迁历程，可以看出会计制度的形成对其所处的社会经济环境具有高度的依赖性，并力求实现平衡各利益主体之间的经济关系，保证会计信息的有用性，保证会计目标的实现，促进企业以及整个社会经济的发展。

(1)满足市场经济体制发展要求

市场经济的发展，迫切需要建立以“产权明晰、权责分明、政企分开、管理科学”为基本特征，以新型产权制度和组织管理制度为核心内容的现代企业制度，使企业真正成为独立自主、自负盈亏的经营实体。要实现这一目标就必须健全相应的、科学合理的会计核算制度和财产管理制度；必须通过会计处理好经济责任受托关系和经济利益分配关系；必须明确强调会计把企业作为服务主体；必须完善包括会计制度在内的企业管理制度。我国会计制度的改革方向应是不断自我完善，以满足市场经济发展的需要，适应现代企业制度的要求。因此，我国会计制度体系必将会在会计法规的指导下，宏观上健全会计准则体系，微观上强化企业会计制度。既走会计国际化的道路，同时又立足于本土特征，建立健全企业会计制度，保证各项会计准则的实施与效果。

(2)实现会计国际化

如何处理会计国际化与国家化之间的关系是我国多年来会计制度改革争论的焦点。随着经济全球化趋势的深入发展，生产要素的国际流动和产业转移的跨地区发展日益加快，我国经济与世界经济的相互联系和相互影响日益加深，从深化经贸合作、维护国家利益和长远发展的大局出发，应当在认真总结我国会计制度改革实践经验的基础上，大胆借鉴国际通行规则，不断完善会计制度体系，为扩大互利合作、实现共同发展提供标准趋同、可比互通的统一的会计环境。我国会计制度的改革必须以国际化作为出发点和落脚点，以符合当今世界各国会计制度发展的基本趋势，建立包括以会计准则为核心、以会计法律法规为指导、以企业会计制度为基础、以会计职业道德为保障的会计规范体系，并与我国逐步成为世界经济大国的发展目标相适应。

2. 营改增

2.1 营业税

营业税是对提供应税劳务、转让无形资产和销售不动产的单位和个人，就其取得的营业额征收的一种税。根据我国的规定，营业税应税劳务项目包括建筑业、交通运输业、邮电通信业、文化体育业、金融保险业、娱乐业、服务业等。不同的税目税率也不同，税率在3%~20%不等。

营业税的营业额包括纳税人向对方收取的全部价款和价外收费。近年来，为公平税负，避免重复征税，营业税税收政策逐步由“全额征税”向“差额征税”转变，以收取的全部价款和价外费用减去规定可扣除的支付款项后的余额为计税营业额。

2.2 增值税

增值税是对从事销售货物或提供加工、修理修配劳务以及进口货物的单位和个人取得的增值额为课税对象征收的一种税。增值税的概念最早是由美国耶鲁大学教授亚当斯(T. Adams)在1917年提出的，1921年德国的西蒙斯(C. F. Siemens)正式提出了增值税的名称，并详细论述了税制的内容[3]。

通常，作为计税税基的增值额都是法定增值额，而不是理论增值额。法定增值额是由政府依据国情和生产力发展水平所规定的一个增值额。不同国家对法定增值额的确定并不相同，它可以大于、等于或小于理论增值额。允许固定资产抵扣额度是造成两个数额之间差异的重要原因，也就有了所谓的生产型增值税、收入型增值税和消费型增值税的区分。

2.3 营业税与增值税的关系

2.3.1 营业税和增值税的关系

营业税和增值税是我国目前两个主要的流转税，两者之间既有紧密的联系又有明显区别。

首先，营业税和增值税之间具有统一性。两者的税收作用机理是统一的，即都是对商品或劳务的流转环节征税。另外，两者的税收立法原则也是统一的，营业税和增值税都具有财政收入功能、宏观调控职能和市场调节作用。

其次，营业税和增值税又具有明显的差异性。这种差异性主要体现在税制要素方面。从征税对象看，营业税的课税对象是提供应税劳务、转让无形资产和销售不动产的行为，增值税的课税对象是销售货物或者提供加工、修理修配劳务以及进口货物的行为。也就是说，营业税和增值税涵盖了我国经济活动中所有的流转行为，商品或劳务的流转行为要么征收营业税，要么征收增值税。从计税依据和税率看，营业税的计税依据为提供应税劳务、转让无形资产和销售不动产向对方收取的全部价款和价外费用，税率为3%~20%，增值税一般纳税人的计税依据为销项税额减去进项税额，税率为13%和17%。从征管主体看，营业税由地方税务局征管，增值税由国家税务局征管。

最后，营业税和增值税之间存在可替代性。这种可替代性是目前我国“营改增”的基本前提。营业税和增值税的统一性决定了它们之间的可替代性。营业税和增值税都属于流转税，并且其税收立法原则也是相同的，这为两者之间的替代性提供了理论依据。另外，营业税和消费税的差异性又为两者之间的可替代性提供了现实可操作空间。营业税和增值税作为我国主要的流转税，其课税对象应纳税额和税率、征管主体等方面都存在差异性，但在发展过程中，两者之间会出现交集，相互借鉴、共同发展，差异性促进了两者的替代性。

2.3.2　营业税和增值税并存的现状

营业税和增值税的关系，也就是说，实行增值税的国家对劳务的征税税种，在世界范围内看主要有三种模式：

一是以欧洲为主，对劳务普遍征收增值税，仅将少数的劳务排除在增值税税基之外。例如，在增值税的诞生地法国，增值税的覆盖范围很广，包括农业、工业、批发零售业和服务各交易领域等；德国在 1968 年正式实行增值税，在 80 年代后期就以收入型增值税全面取代了地方营业税。

二是以多数拉美国家为主，对劳务的增值税课征采取正列举(全列举)的方式，即税法中详细列举了可以扣除的进项税，凡是为列出的项目不可扣除。其征税范围也因正列举而比第一种模式狭窄。

三是以我国和其他亚洲和欧洲少数国家为主，对劳务征收传统的销售税，也就是针对除加工、修理修配服务之外的一般劳务征收营业税，从而形成了营业税和增值税并存的局面。

增值税自产生以来，由于其相对于其他流转税的突出优点，在世界上很多国家得到了推广和发展。截至 2011 年底，实行增值税的国家或地区已达到了 148 个。目前世界上绝大多数实行增值税的国家，将增值税的范围扩展到了零售环节，只有 10 个国家只在制造业或批发环节实行。多数国家对货物和劳务一律征收增值税，但还有 18 个国家(包括中国)对劳务实行有选择性的征收，即只对列举的劳务征税[4]。

2.3.3　营业税和增值税并存的缘由

1993 年底出台的《增值税暂行条例》和《实施细则》，确定了我国以增值税为主体、同时并存营业税的税制模式。当时的税制改革为什么没有将增值税全面推广到第三产业，而是对其他劳务、转让无形资产和销售不动产征收营业税？原因在于以下几点：

一是有利于促进财政收入的合理增长和规范政府间的财政分配关系。增值税具有税基宽、数额大和增长性强的特点，加上增值税分成大头归属于中央财政收入，可以确保中央级收入稳步较快增长，有效保证实现提高“两个比重”的目标；同时在劳务领域实施征收营业税，虽然税基不大、征缴困难，但分成全部归属地方财政收入，可以在很大程度上缓解地方财政增长乏力、支出较快的矛盾。

二是有利于处理平衡不同劳务项目的实际税负。加工、修理修配的劳务项目具有较高的销售货物的比例，如果征收营业税而不是增值税，那么纳税人很可能通过财务处理后套用较低的营业税税率。

三是有利于提高税收征管效率。某些劳务项目中，其进项税较少，如果缴纳增值税而不是营业税，则税负必然加重，引起税收逃避，从而加大征管难度。另外一些劳务项目，如客运和娱乐等，不属于再生产的中间环节，会计记录不健全不规范，如果征收增值税，其收缴和征管难度也很大。

四是有利于控制(当时的)物价。1993 年的税制改革时期，正处于物价急剧上升时期，1993 年、1994 年和 1995 年的 CPI 涨幅分别达到了 14.7%、24.1%和 17.1%，是我国改革开放以来物价上涨幅度最大的时期之一。如果当时实行全面的增值税，有可能会引起更为严重的通货膨胀，影响经济和社会的稳定。

五是有利于税款计算的方便，这可能是最重要的原因。在当时纳税人账证不全和发票抵扣核查机制不完备的环境下，增值税的缴纳要实行凭票抵扣和差额征收，手续复杂，征税成本高。而营业税则是直接对全部营业额增收一定比例税款，手续简单，征管方便，更能体现“便利”和“最小征收费用”的税收原则。

因此，客观地讲，从 1994 年实施至今的增值税和营业税并存的流转税制，为奠定分税制财政体系、规范税收秩序和促进国民经济的健康稳定发展，做出了重大的贡献。

2.3.4 营业税和增值税并存的弊端

我国在 1994 年税制改革时，根据当时的实际情况，对产品征收增值税，对服务征收营业税，这种税制设计基本上适应当时的产业发展要求和税收征管水平，对建立规范的财政税收体系和促进经济社会的发展做出了重大的贡献。但是，随着我国市场经济的发展和全球化水平的不断提高，人为地把产品和服务割裂来分别适用不同税种的税收制度越来越不适应产业和经济发展的要求了，营业税和增值税并存的弊端日益显现出来。

第一，从税收负担看，营业税和增值税并存，导致了重复征税，加重了企业税负。我国目前的税制具有典型的产业特征，即对制造业和商业征收增值税，对建筑业和大多数服务业征收营业税，那么，制造业和商业在购进建筑业和服务业产品时所包含的营业税不能抵扣，而建筑业和服务业在购进制造业和商业的产品时所包含的增值税也不能抵扣。也就是说，我国在货物销售和劳务提供过程中实际上都存在重复征税。显然，重复征税是不公平的，也会加重企业负担。

第二，从税制完整性看，营业税和增值税并存，破坏了增值税抵扣链条的完整性，影响了增值税作用的发挥。增值税是我国最大的税种，并且具有“税收中性”的优点，即增值税没有对经济主体施加区别对待的影响，从而客观上有利于引导企业的公平竞争和做大做强。增值税的税基越宽广，其中性效应的作用就越强。但目前我国增值税征收范围仅限于除建筑业外的第二产业，第三产业的绝大部分行业则课征营业税，从而导致经济运行中增值税的抵扣链条被人为打断，其中性作用也就降低了。

第三，从产业结构调整看，对第三产业征收营业税而不是增值税，对第三产业内部的分工和发展造成了不利影响。营业税是对营业额全额征收，企业每发生一次对外交易都要征收一道营业税，且营业税无法抵扣，因此，企业分工越细，所负担的营业税可能就越重，这是与市场经济的分工和专业化生产相矛盾的。我国第三产业的税负水平已从2003年的14.54%上升到2010年的21.74%，8年提高了7个百分点，明显高于第一和第二产业的税负水平。企业为了避免营业税的重复征收，就会倾向于“小而全”、“大而全”的经营模式，导致企业规模无效率扩大。例如，由于企业外购服务所含营业税不能抵扣，企业可能更愿意自行提供所需服务而不是从外购进，阻碍了服务业分工的细化和专业化的发展。当前我国经济发展的根本任务是产业结构的调整和优化，而加快服务业的发展是推动产业结构调整的战略重点。消除营业税和增值税并存局面，将第三产业征收的营业税改为增值税，为第三产业的快速发展提供公平的税收环境就显得非常迫切和必要。

第四，从全球竞争角度看，营业税和增值税并存，不利于我国对产品和劳务的出口实行零税率，削弱了我国产品和劳务尤其是第三产业的国际竞争力。我国工业产品国际竞争力的不断提高和出口份额的扩大，除了低廉的劳动力成本外，还与制造业征收增值税密切相关，因为增值税零税率机制可以实行彻底的出口退税。因此，增值税是一个与经济全球化相适应的税种。从世界各国的征收实践看，多数国家把服务业纳入增值税的征收范围。目前，在征收增值税的国家和地区中，有90多个国家对货物和劳务全面征收增值税，不对劳务征收增值税的只有巴西和印度[5]。因此，在我国对劳务征收营业税的条件下，劳务出口就缺乏出口退税的制度安排，劳务出口难以以不含税价格进入国际市场，国际竞争力必然降低。

第五，从税收征管看，营业税和增值税并存使税收征管实践陷入一些困境。随着经济社会的发展，新的产品形式和经营方式不断涌现，税收征管也面临新的难题。

例如，在现代市场经济中，商品和服务捆绑销售的行为越来越多，要准确地划分这种捆绑销售中商品和服务各自所占的比例也就越来越难，这就给营业税和增值税的征收提出了挑战；随着信息技术和网络技术的发展，某些领域内商品和服务的界限越来越模糊，适用营业税还是增值税就很难判断。

从以上分析可以看出，“营改增”是健全我国税制体系和完善市场经济制度的迫切需要，对于加快经济增长、调整和优化产业结构、增强产品和劳务的国际竞争力都具有重大的意义。

2.4　改革试点进展

从目前“营改增”改革试点的进程来看，按照时间先后顺序，大致可以分为三个阶段：一是2012年以前的“营改增”改革准备与方案设计阶段；二是2012年1月至7月的上海“营改增”率先试点阶段；三是2012年8月以后的扩大“营改增”试点地区范围阶段。

在上述三个阶段中，有一些具有里程碑意义的时点和举措，它们主要包括：在第一阶段，党的十七届五中全会于2010年10月首次提出要“扩大增值税征收范围，相应调减营业税等税收”，并将其纳入“十二五”规划之中，这为“营改增”指明了方向；2011年11月16日，财政部、国家税务总局印发了《营业税改征增值税试点方案》的通知，对试点范围、试点税率、试点纳税人类型、试点期间税收收入归属等有关事项做出了较为明确和详细的规定。在第二阶段，上海于2012年1月1日启动交通运输业和部分现代服务业（“1+6”行业）营业税改征增值税试点，这标志着我国“营改增”改革正式拉开了序幕；2012年2月2日，针对“营改增”试点一个月来出现的部分企业税负加重情况，上海市财政局、国税局、地税局下发了《关于实施营业税改征增值税试点过渡性财政扶持政策的通知》，对因为新老税制转换而导致税负增加的试点企业，按照“企业据实申请、财政分类扶持、资金及时预拨”的方式，实施过渡性财政扶持政策；2012年7月17日，财政部和国家税务总局就“营改增”试点补充出台了四条减税政策，对部分之前规定不明确的、部分在实际运作中出现税负加重的情况给予了安排。在第三阶段，2012年7月25日召开的国务院常务会议决定，自2012年8月1日起至年底，将交通运输业和部分现代服务业“营改增”试点范围，由上海分批扩大至北京、天津、江苏、浙江等10省市。

2.5 营业税改增值税的作用

从理论上看，营业税改征增值税改革在降低税负、完善税制、优化产业结构、惠及民生福利等方面都具有明显的作用。

第一，减轻税收负担。可以减轻乃至消除服务业的重复征税，从而降低服务业企业的税负。主要体现在两方面：一方面试点服务企业由全额征税改为按增值额征税，从而避免了试点服务企业重复征税，减轻了试点服务企业税收负担；另一方面试点服务企业由征收营业税改为增值税后，下游增值税纳税人由取得营业税发票不能抵扣改为取得增值税发票可抵扣，从而避免了产业重复征税，减轻了产业税收负担。

第二，合理税法，完善税制。在服务业实行“营改增”改革，首先从制度上由工商业征收增值税，服务业征收营业税的二元税制，向工商业和服务业统一征收增值税的一元税制转变迈出了实质性的一步。我国长期以来工商业和服务业分别征收增值税和营业税，不但导致服务业与工商业之间发生的产品与服务费不能抵扣，形成产品与服务之间的重复征税；而且服务业与服务业之间发生的服务费由于各自按全额缴纳营业税不能抵扣，形成服务与服务之间的重复征税。通过“营改增”不但消除了产品与服务之间重复征税以及服务与服务之间重复征税，有利于服务业和工商业之间统一税法、公平税负、平等竞争，在实践中积累经验推动增值税立法进程；而且通过“营改增”减轻服务业增值税负担以及通过抵扣传导机制减轻工商业增值税负担的同时，提高了企业所得税负担，从而起到了降低流转税，提高所得税，优化税制结构的目的。

第三，优化产业结构。服务业“营改增”符合效率和公平原则，完善税制，减轻税负，使税制适应并促进了我国产业结构优化、产业提升、经济可持续增长。首先，优化了产业结构。“营改增”一方面消除了营业税制下重复征税的问题，减轻了服务企业税负，使服务业与工商业同等纳税，从而促进了服务业发展；另一方面，通过服务业对下游企业开具增值税由下游企业抵扣，减轻了下游工商企业税负来拉动对服务业需求，从而进一步促进服务业发展，起到调整和优化产业结构目的。其次，提升了产业层次。“营改增”后试点企业进项税允许抵扣，可抵扣进项税大小、增值税率高低会影响企业税负。从企业实践看，不同层次服务业从“营改增”获益有所不同，总的特点是，产业层次和技术含量高的现代服务企业得益大于产业层次和技术含量低的传统服务企业，从而有利于做大做强研发、设计、物流和营销等高端服务业，促进服务业在产业层次上从低端走向中高端，从传统走向现代。

第四，惠及民生福利。按照企业减税——成本降低——经济发展——就业扩大——收入增加的理论，“营改增”改革虽然对调节高收入者收入作用有限，但对提高低收入者收入作用明显。一方面通过大力支持服务业、劳动密集型企业、小型微型企业和创新型科技企业发展，创造更多就业岗位，扩大就业来增加收入；另一方面通过建立企业经济效益的工资决定及正常增长机制，促进中低收入职工工资合理增长来增加收入，同时还提高其实际购买力。在我国，以间接税为主体的税收体制，虽然名义上对所有消费者都一视同仁，但实际上使中低收入者处于不利地位。“营改增”通过减轻试点企业间接税税负，并可通过价格传导机制，使减税部分反映在消费价格上，使中低收入者受益。如果“营改增”能对生活性服务业采取简易办法征税，并对公共服务业实施免税，中低收入者受益就更为明显。

第五，提高了出口竞争力。按照现行政策，企业出口产品后可以向税务机关申请退还已缴纳的增值税和消费税，对从事国际运输、国际研发和设计等出口服务企业，其缴纳的营业税不得申请退还。“营改增”后，一方面生产企业因抵扣增加、税负减轻，生产成本降低而更有实力和可能在国际生产分工竞争中获取价值链优势；另一方面，服务贸易企业可以享受零税率和抵退税政策，获取更多的参与国际竞争机会，加速我国服务业细化分工和提高服务水平。

第六，降低了征管成本，避免了政府行为的异化。在营业税和增值税并存的情况下，税务机关对某些特别的混合销售行为或兼营行为，到底征收增值税还是营业税，从性质和数量上都难以区分，这无疑会增加政府税收征管成本。由于营业税是地方税种，而增值税要按照 3∶1 的比例在中央和地方之间分享，因此，地方政府在招商引资以及对待本地企业态度上，会明显偏向于缴纳营业税的项目和企业。例如，地方政府往往会根据企业对地方财政的税收贡献，或明或暗或大或小地对其进行税收返还。显然，地方的这种“厚此薄彼”的行为是不公平的。加上由于营业税和增值税分别由国地税部门征收，而在某些特定情况下营业税和增值税的计税依据难以截然区分，这就使得纳税人的行为面临很多不确定性的风险，并且还有可能被重复征税。国地税部门也可能相互扯皮，导致低效。国地税部门的这种税源竞争也是政府行为异化的表现。“营改增”能够避免上述地方政府的异化行为。

2.6 纳税计算

转型后应纳税额计算规则为：

（1）转型后认定为一般纳税人的，可按取得的增值税专用发票计算抵扣进项税额，如取得外地或本市非试点纳税人的原属于营业税可差额征收范围的发票，可按发票金额在销售额中扣除；如取得税务机关代开的专用发票可按发票注明的税款抵扣销项税额。

（2）转型后认定为小规模纳税人的，交通运输业、国际货运代理业务纳税人取得的外省市和本市非试点纳税人的原属于营业税可差额征收范围的发票，可按发票金额在销售额中扣除；其他行业如取得外省市和本市非试点纳税人的原属于营业税可差额征收范围的发票，也可按发票额在销售额中扣除，但取得的本市试点一般纳税人或试点小规模纳税人的发票，不可扣除销售额。

2.7 会计规定

2.7.1 试点纳税人差额征税的会计处理

（1）一般纳税人的会计处理

一般纳税人提供应税服务，试点期间按照营业税改征增值税有关规定允许从销售额中扣除其支付给非试点纳税人价款的，应在“应交税费——应交增值税”科目下增设“营改增抵减的销项税额”专栏，用于记录该企业因按规定扣减销售额而减少的销项税额；同时，“主营业务收入”、“主营业务成本”等相关科目应按经营业务的种类进行明细核算。

企业接受应税服务时，按规定允许扣减销售额而减少的销项税额，借记“应交税费——应交增值税（营改增抵减的销项税额）”科目，按实际支付或应付的金额与上述增值税额的差额，借记“主营业务成本”等科目，按实际支付或应付的金额，贷记“银行存款”、“应付账款”等科目。

对于期末一次性进行账务处理的企业，期末，按规定当期允许扣减销售额而减少的销项税额，借记“应交税费——应交增值税（营改增抵减的销项税额）”科目，贷记“主营业务成本”等科目。

(2)小规模纳税人的会计处理

小规模纳税人提供应税服务，试点期间按照营业税改征增值税有关规定允许从销售额中扣除其支付给非试点纳税人价款的，按规定扣减销售额而减少的应交增值税应直接冲减“应交税费——应交增值税”科目。

企业接受应税服务时，按规定允许扣减销售额而减少的应交增值税，借记“应交税费——应交增值税”科目，按实际支付或应付的金额与上述增值税额的差额，借记“主营业务成本”等科目，按实际支付或应付的金额，贷记“银行存款”、“应付账款”等科目。

对于期末一次性进行账务处理的企业，期末，按规定当期允许扣减销售额而减少的应交增值税，借记“应交税费——应交增值税”科目，贷记“主营业务成本”等科目。

2.7.2 增值税期末留抵税额的会计处理

试点地区兼有应税服务的原增值税一般纳税人，截至开始试点当月月初的增值税留抵税额按照营业税改征增值税有关规定不得从应税服务的销项税额中抵扣的，应在“应交税费”科目下增设“增值税留抵税额”明细科目。

开始试点当月月初，企业应按不得从应税服务的销项税额中抵扣的增值税留抵税额，借记“应交税费——增值税留抵税额”科目，贷记“应交税费——应交增值税(进项税额转出)”科目。待以后期间允许抵扣时，按允许抵扣的金额，借记“应交税费——应交增值税(进项税额)”科目，贷记“应交税费——增值税留抵税额”科目。

“应交税费——增值税留抵税额”科目期末余额应根据其流动性在资产负债表中的“其他流动资产”项目或“其他非流动资产”项目列示。

2.7.3 取得过渡性财政扶持资金的会计处理

试点纳税人在新老税制转换期间因实际税负增加而向财税部门申请取得财政扶持资金的，期末有确凿证据表明企业能够符合财政扶持政策规定的相关条件且预计能够收到财政扶持资金时，按应收的金额，借记“其他应收款”等科目，贷记“营业外收入”科目。待实际收到财政扶持资金时，按实际收到的金额，借记“银行存款”

等科目，贷记“其他应收款”等科目。

2.7.4 增值税税控系统专用设备和技术维护费用抵减增值税额的会计处理

(1)增值税一般纳税人的会计处理

按税法有关规定，增值税一般纳税人初次购买增值税税控系统专用设备支付的费用以及缴纳的技术维护费允许在增值税应纳税额中全额抵减的，应在“应交税费——应交增值税”科目下增设“减免税款”专栏，用于记录该企业按规定抵减的增值税应纳税额。

企业购入增值税税控系统专用设备，按实际支付或应付的金额，借记“固定资产”科目，贷记“银行存款”、“应付账款”等科目。按规定抵减的增值税应纳税额，借记“应交税费——应交增值税(减免税款)”科目，贷记“递延收益”科目。按期计提折旧，借记“管理费用”等科目，贷记“累计折旧”科目；同时，借记“递延收益”科目，贷记“管理费用”等科目。

企业发生技术维护费，按实际支付或应付的金额，借记“管理费用”等科目，贷记“银行存款”等科目。按规定抵减的增值税应纳税额，借记“应交税费——应交增值税(减免税款)”科目，贷记“管理费用”等科目。

(2)小规模纳税人的会计处理

按税法有关规定，小规模纳税人初次购买增值税税控系统专用设备支付的费用以及缴纳的技术维护费允许在增值税应纳税额中全额抵减的，按规定抵减的增值税应纳税额应直接冲减“应交税费——应交增值税”科目。

企业购入增值税税控系统专用设备，按实际支付或应付的金额，借记“固定资产”科目，贷记“银行存款”、“应付账款”等科目。按规定抵减的增值税应纳税额，借记“应交税费——应交增值税”科目，贷记“递延收益”科目。按期计提折旧，借记“管理费用”等科目，贷记“累计折旧”科目；同时，借记“递延收益”科目，贷记“管理费用”等科目。

企业发生技术维护费，按实际支付或应付的金额，借记“管理费用”等科目，贷记“银行存款”等科目。按规定抵减的增值税应纳税额，借记“应交税费——应交增值税”科目，贷记“管理费用”等科目。

“应交税费——应交增值税”科目期末如为借方余额，应根据其流动性在资产负债表中的“其他流动资产”项目或“其他非流动资产”项目列示；如为贷方余额，应在资产负债表中的“应交税费”项目列示。

3. 融资租赁

融资租赁又称设备租赁或现代租赁，是指出租人根据承租人对租赁物件的特定要求和对供货人的选择，出资向供货人购买租赁物件，并租给承租人使用，承租人则分期向出租人支付租金，在租赁期内租赁物件的所有权属于出租人所有，承租人拥有租赁物件的使用权。租期届满，租金支付完毕并且承租人根据融资租赁合同的规定履行完全部义务后，对租赁物的归属没有约定的或者约定不明的，可以协议补充；不能达成补充协议的，按照合同有关条款或者交易习惯确定，仍然不能确定的，租赁物件所有权归出租人所有。

融资租赁是集融资与融物、贸易与技术更新于一体的新型金融产业。由于其融资与融物相结合的特点，出现问题时租赁公司可以回收、处理租赁物，因此在办理融资时对企业资信和担保的要求不高，所以非常适合中小企业融资。

3.1 融资租赁与传统租赁的区别

融资租赁和传统租赁的一个本质区别就是：传统租赁以承租人租赁使用物件的时间计算租金，而融资租赁以承租人占用融资成本的时间计算租金。融资租赁是市场经济发展到一定阶段而产生的一种适应性较强的融资方式，是20世纪50年代产生于美国的一种新型交易方式，由于它适应了现代经济发展的要求，所以在20世纪60~70年代迅速在全世界发展起来，当今已成为企业更新设备的主要融资手段之一。我国20世纪80年代初引进这种业务方式后，三十多年来融资租赁得到迅速发展，但比起发达国家来，其优势还远未发挥出来，市场潜力很大。

融资租赁除了融资方式灵活的特点外，还具备融资期限长、还款方式灵活、压力小的特点。中小企业通过融资租赁所享有资金的期限可达3年，远远高于一般银行贷款期限。在还款方面，中小企业可根据自身条件选择分期还款，极大地减轻了短期资金压力，防止中小企业本身就比较脆弱的资金链发生断裂。

3.2 具体特征

融资租赁的特征一般归纳为五个方面。

(1)租赁物由承租人决定，出租人出资购买并租赁给承租人使用，且在租赁期间内只能租给一个企业使用。

(2)承租人负责检查验收制造商所提供的租赁物，对该租赁物的质量与技术条件出租人不向承租人做出担保。

(3)出租人保留租赁物的所有权，承租人在租赁期间支付租金而享有使用权，并负责租赁期间租赁物的管理、维修和保养。

(4)租赁合同一经签订，在租赁期间任何一方均无权单方面撤销合同。只有租赁物毁坏或被证明为已丧失使用价值的情况下方能中止执行合同，无故毁约则要支付相当重的罚金。

(5)租期结束后，承租人一般对租赁物有留购和退租两种选择，若要留购，购买价格可由租赁双方协商确定。

3.3 功能介绍

融资租赁主要具有以下四个方面的功能：

(1)融资功能

融资租赁从其本质上看是以融通资金为目的的，它是为解决企业资金不足的问题而产生的。需要添置设备的企业只需付少量资金就能使用到所需设备进行生产，相当于为企业提供了一笔中长期贷款。

(2)促销功能

融资租赁可以用“以租代销”的形式，为生产企业提供金融服务。一可避免生产企业存货太多，导致流通环节不畅通，有利于社会总资金的加速周转和国家整体效益的提高；二可扩大产品销路，加强产品在国内外市场上的竞争能力。

(3)投资功能

租赁业务也是一种投资行为。租赁公司对租赁项目具有选择权，可以挑选一些风险较小、收益较高以及国家产业倾斜的项目给予资金支持。同时一些拥有闲散资金、设备的企业也可以通过融资租赁使其资产增值。融资租赁作为一种投资手段，使资金既有专用性，又改善了企业的资产质量，可以使中小企业实现技术、设备的更新改造。

(4)资产管理功能

融资租赁将资金运动与实物运动联系起来。因为租赁物的所有权在租赁公司，所以租赁公司有责任对租赁资产进行管理、监督，以控制资产流向。随着融资租赁业务的不断发展，还可利用设备生产者为设备的承租方提供维修、保养和产品升级换代等特别服务，使其经常能使用上先进的设备，降低使用成本和设备淘汰的风险，尤其是对于售价高、技术性强、无形损耗快或利用率不高的设备有较大好处。

3.4　承租人对融资租赁的会计处理

3.4.1　租赁开始日的会计处理

在租赁开始日，承租人通常应当将租赁开始日租赁资产公允价值和最低租赁付款额的现值两者中较低者作为租入资产的入账价值，将最低租赁付款额作为长期应付款的入账价值，并将两者之间的差额记录为未确认融资费用。但是如果该项融资租赁资产占企业资产总额的比例不大，承租人在租赁开始日可按最低租赁付款额记录租入资产和长期应付款。这时的“比例不大”通常是指融资租入固定资产总额小于承租人资产总额的30%(含30%)。在这种情况下，对于融资租入资产和长期应付款额的确定，承租人可以自行选择，既可以采用最低租赁付款额，也可以采用租赁资产原账面价值和最低租赁付款额的现值两者中较低者。这时所讲的“租赁资产的原账面价值”是指租赁开始日在出租者账上所反映的该项租赁资产的账面价值。

承租人在计算最低租赁付款额的现值时，如果知道出租人的租赁内含利率，应当采用出租人的内含利率作为折现率；否则，应当采用租赁合同中规定的利率作为折现率。如果出租人的租赁内含利率和租赁合同中规定的利率都无法得到，应当采用同期银行贷款利率作为折现率。其中租赁内含利率是指，在租赁开始日，使最低租赁付款额的现值与未担保余值的现值之和等于资产原账面价值的折现率。

3.4.2　初始直接费用的会计处理

初始直接费用是指在租赁谈判和签订租赁合同的过程中发生的可直接归属于租赁项目的费用。承租人发生的初始直接费用通常有印花税、佣金、律师费、差旅费、谈判发生的费用等。承租人发生的初始直接费用，应当计入租入资产的入账价值。其账务处理为：借记“固定资产”，贷记“银行存款”等科目。

3.4.3　未确认融资费用的分摊

在融资租赁下，承租人向出租人支付的租金中，包含本金和利息两部分。承租人支付租金时，一方面应减少长期应付款，另一方面应同时将未确认的融资租赁费用按一定的方法确认为当期融资费用，在先付租金(即每期起初等额支付租金)的情况下，租赁期第一期支付的租金不含利息，只需减少长期应付款，不必确认当期融资费用。

在分摊未确认融资费用时，承租人应采用一定的方法加以计算。按照准则的规定，承租人可以采用实际利率法，也可以采用直线法和年数总和法等。在采用实际利率法时，根据租赁开始时租赁资产和负债的入账价值基础不同，融资费用分摊率的选择也不同。未确认融资费用的分摊具体分为以下几种情况：

(1)租赁资产和负债以最低租赁付款额的现值为入账价值，且以出资人的租赁内含利率为折现率。在这种情况下，应以出资人的租赁内含利率为分摊率。

(2)租赁资产和负债以最低租赁付款额的现值为入账价值，且以租赁合同中规定的利率作为折现率。在这种情况下，应以租赁合同中规定的利率作为分摊率。

(3)租赁资产和负债以租赁资产原账面价值为入账价值，且不存在承租人担保余值和优惠购买选择权。在这种情况下，应重新计算融资费用分摊率。融资费用分摊率是指在租赁开始日，使最低租赁付款额的现值等于租赁资产原账面价值的折现率。在承租人或与其有关的第三方对租赁资产余值提供担保的情况下，与上类似，在租赁期满时，未确认融资费用应全部摊完，并且租赁负债也应减为零。

(4)租赁资产和负债以租赁资产原账面价值为入账价值，且不存在承租人担保余值，但存在优惠购买选择权。在这种情况下，应重新计算融资费用分摊率。

(5)租赁资产和负债以租赁资产原账面价值为入账价值，且存在承租人担保余值。

这种情况下，应重新计算融资费用分摊率。在承租人或与其有关的第三方对租赁资产余值提供了担保或由于在租赁期满时没有续租而支付违约金的情况下，在租赁期满时，未确认融资费用应全部摊完，并且租赁负债也应减少至担保余值或该日应支付的违约金。

承租人对每期应支付的租金，应按支付的租金金额，借记“长期应付款——应付融资租赁款”科目，贷记“银行存款”科目，如果支付的租金中包含履约成本，应同时借记“制造费用”、“管理费用”等科目。同时根据当期应确认的融资费用金额，借记“财务费用”科目，贷记“未确认融资费用”科目。

3.4.4 租赁资产折旧的计提

承租人应对融资租入固定资产计提折旧，主要应解决两个问题：

(1)折旧政策

计提租赁资产折旧时，承租人所采用的方法应与自有资产计提折旧方法相一致。如果承租人或与其有关的第三方对租赁资产提供了担保，则应记折旧总额为租赁开始日固定资产的入账价值扣除余值后的余额。如果承租人或与其有关的第三方对租赁资产余值提供了担保，则应记折旧总额为租赁开始日固定资产的入账价值。

(2)折旧期间

租赁资产的折旧期间应根据租赁合同的规定确定。如果能够合理确定租赁期满时承租人将会取得租赁资产所有权，即可认定承租人拥有该项资产的全部尚可使用年限，因此应以租赁开始日租赁资产的尚可使用年限作为折旧期间；如果无法合理确定租赁期满时承租人是否能够取得租赁资产所有权，则应以租赁期与租赁资产尚可使用年限两者中较短者作为折旧期间。

3.4.5 履约成本的会计处理

履约成本种类很多，对于融资租入固定资产的改良支出、技术咨询和服务费、人员培训费等应予递延分摊计入各期费用，借记“长期待摊费用”、“预提费用”、“制造费用”、“管理费用”等科目，对于固定资产的经常性修理费、保险费等可直接计入当期费用，借记“制造费用”、“营业费用”等科目，贷记“银行存款”等科目。

3.4.6 租赁期满时的会计处理

租赁期满时，承租人对租赁资产的处理通常有三种情况：

(1)返还租赁资产。借记“长期应付款——应付融资租赁款”、“累计折旧”科目，贷记“固定资产——融资租入固定资产”科目。

(2)优惠续租租赁资产。如果承租人行使优惠续租选择权，则应视同该项租赁一直存在而做出相应的会计处理。如果期满没有续租，根据租赁合同要向出租人支付违约金时，借记“营业外支出”科目，贷记“银行存款”等科目。

(3)留购租赁资产。在承租人享有优惠购买选择权时，支付购价时，借记“长期应付款——应付融资租赁款”，贷记“银行存款”等科目；同时，将固定资产从“融资租入固定资产”明细科目转入有关其他明细科目。

3.4.7 相关信息的会计披露

承租人应当在财务报告中披露与融资租赁有关的事项，主要有：

(1)每类租入资产在资产负债表日的账面原值、累计折旧及账面净值。

(2)资产负债表日后连续三个会计年度每年将支付的最低付款额以及以后年度内将支付的最低付款总额。

(3)未确认融资费用的余额。即未确认融资费用的总额减去已确认融资费用部分后的余额。

(4)分摊未确认融资费用所采用的方法。如实际利率法、直线法或年数总和法。

3.5 出租人对融资租赁的会计处理

3.5.1 租赁开始日的会计处理

出租人应将租赁开始日最低租赁收款额作为应收融资租赁款的入账价值，并同时记录未担保余值，将最低租赁收款额与未担保余值之和与其现值之和的差额记录为未实现融资收益。

在租赁开始日，出租人应按最低租赁收款额，借记“应收融资租赁款”科目，按未担保余值的金额，借记“未担保余值”科目，按租赁资产的原账面价值，贷记“融资租赁资产”科目，按上述科目计算后的差额，贷记“未实现融资收益”科目。

3.5.2 初始直接费用的会计处理

出租人发生的初始直接费用，通常包括印花税、佣金、律师费、差旅费、谈判费等。出租人发生的初始直接费用，应当确认为当期费用。借记“管理费用”等科目，贷记“银行存款”等科目。

3.5.3 未实现融资收益的分配

出租人每期收到的租金包括本金和利息两部分。未实现融资收益应当在租赁期内各个期间进行分配，确认为各期的融资收入。分配时，出租人应当采用实际利率法计算当期应确认融资收入，在与实际利率法计算结果无重大变化的情况下，也可以采用直线法或年数总和法。

出租人每期收到的租金，借记“银行存款”科目，贷记“应收融资租赁款”科目。同时，每期确认融资租赁收入时，借记“递延收益——未实现融资收益”科目，贷记“主营业务收入——融资收入”科目。

当出租人超过一个租金支付期没有收到租金时，应当停止确认收入，其已确认的收入，应予转回，转作表外核算。到实际收到租金时，再将租金中所含融资收入确认为当期收入。

3.5.4 未担保余值发生变动时的会计处理

出租人应当定期对未担保余值进行检查，如果有证据表明未担保余值已经减少，应当重新计算租赁内含利率，并将本期的租赁投资净额的减少确认为当期损失，以后各期根据修正后的投资净额和重新计算的租赁内含利率确定应确认的融资收入。如果已经确认损失的未担保余值得以恢复，应当在原已确认的损失金额内转回，并重新计算租赁内含利率。其中租赁投资净额是指，融资租赁中最低租赁收款额与未担保余值之和与未实现融资收益之间的差额。

由于未担保余值的金额决定了租赁内含利率的大小，从而决定着融资未实现收益的分配，为了真实反映企业的资产和经营业绩，根据谨慎性原则的要求，在未担保余值发生减少和已确认损失的未担保余值得以恢复的情况下，都应重新计算租赁内含利率，未担保余值增加时，不做调整。

期末，出租人的未担保余值的预计可回收金额低于其账面价值的差额，借记“递延收益——未实现融资收益”科目，贷记“未担保余值”科目。如果已确认的未担保余值得以恢复，应当在原已确认的损失金额内转回，科目与前述相反。

3.5.5 租赁期满时的会计处理

(1)租赁期满时，承租人将租赁资产交还出租人

这时有四种情况：

①存在担保余值，不存在未担保余值。出租人收到承租人交还的资产时，借记“融资租赁资产”科目，贷记“应收融资租赁款”科目。

②存在担保余值，同时存在未担保余值。出租人收到承租人交还的资产时，借记“融资租赁资产”科目，贷记“应收融资租赁款”、“未担保余值”科目。

③不存在担保余值，存在未担保余值。出租人收到承租人交还的资产时，借记“融资租赁资产”科目，贷记“未担保余值”科目。

④担保余值和未担保余值都不存在。出租人无需作会计处理，

只需作相应的备查登记。

(2)优惠续租租赁资产

如果承租人行使优惠续租选择权，则出租人应视同该项租赁一直存在而作出相应的账务处理。如果承租人没有续租，根据合同规定向承租人收取违约金时，借记“其他应收款”，贷记“营业外收入”科目。同时将收回的资产按上述规定进行处理。

(3)留购租赁资产

如果承租人行使了优惠购买选择权，则出租人应该按照收到的承租人支付的购买资产的价款，借记“银行存款”等科目，贷记“应收融资租赁款”等科目。

3.5.6 相关会计信息的披露

出租人应在财务报告中披露下列事项：

(1)资产负债表日后连续三个会计年度每年度将收取的最低收款额以及以后年度内将收取的最低收款总额。

(2)未确认融资收益的余额。即未确认融资收益的总额减去已确认融资收益部分后的余额。

(3)分配未确认融资收益所采用的方法。如实际利率法、直线法或年数总和法。

第三章　主要国家级新区会计新制度与试行

国家级新区的“魅力”主要体现在两方面。其一，国家级新区实质是一项特殊管理权，作为一种管理经济的新方法，新区之新就在于其被赋予更多的经济管理权限，在更大的范围内打破了传统行政区划壁垒。其二，也是重要的一点，国家级新区的获批，意味着将在税收、土地和重大项目审批等方面得到国家政策更多的支持。

2011 年，经国务院批准，财政部、国家税务总局联合下发营业税改增值税试点方案。从 2012 年 1 月 1 日起，在上海交通运输业和部分现代服务业开展营业税改征增值税试点。至此，货物劳务税收制度的改革拉开序幕。我国于 1982 年引入融资租赁方式，此后，融资租赁作为一种新兴的融资形式开始在我国发展。2004 年下半年，商务部、国家税务总局联合开展了内资租赁企业从事融资租赁业务的试点工作，经过三年的努力，试点工作进入稳步发展阶段。2007 年 3 月，新修订的《金融租赁公司管理办法》开始实施，允许合格金融机构参股或设立金融租赁公司，这宣告我国的融资租赁产业正式进入新的发展周期。

如何用营改增、融资租赁等新的思路和模式，灵活地推进会计政策的运用，走出一条区域创新发展的路子，这些也成为新区发展需要探索的内容。

1. 上海浦东新区

1.1　浦东新区概况

上海浦东新区是中国第一个国家级新区，范围包括黄浦江以东到长江口之间的三角形区域，南面与奉贤区、闵行区接壤，西面与徐汇、卢湾、黄浦、虹口、杨浦、宝山6区隔黄浦江相望，北面与崇明县隔长江相望。全区面积1210.41平方公里。1992年中国政府作出“开发浦东”的决策，浦东新区的城区面貌变化很大。2005年，国务院正式批准浦东进行国家综合配套改革试点。2009年4月，国务院批复同意将原南汇区行政区域划入浦东新区。新浦东雄踞东海之滨、杭州湾畔，内连扬子江、外眺太平洋，面积1210平方公里，占上海市面积的1/5左右(见图2)。

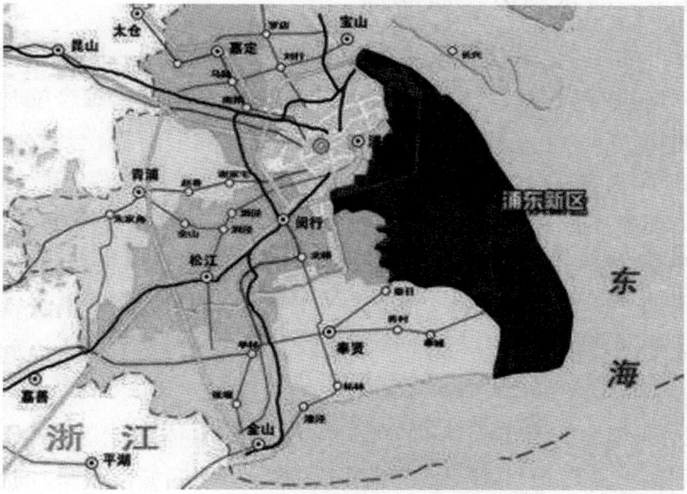

图2　浦东新区行政规划图

浦东已初步建成了一个外向型、多功能、现代化新城区的框架，实现了经济社会高起点、跨越式的发展，已成为上海现代化建设的缩影，中国改革开放的象征，世界经济发展的热点。浦东开发开放肩负着把上海早日建成国际经济、金融、贸易和航运中心，带动长江三角洲乃至中国经济新飞跃的历史使命，同时坚持体制创新、产业升级、扩大开放，逐步建立社会主义市场经济体系，为全国的改革开放积累了成功的经验。位于浦东新区的陆家嘴金融贸易区、外高桥保税区、金桥出口加工区、张江高科技园区等四大国家级开发区的迅速崛起，更是不断提升了浦东的综合服务功能，成为驱动浦东经济快速增长的四个轮子。

虽然经过快速发展，浦东已基本奠定了在长三角乃至全国的经济龙头地位，但浦东的发展也面临新的挑战，随着土地等资源日益稀缺和电力等能源供应日趋紧张，开发开放之初所享受的国家优惠政策即将全面到期，浦东发展成本居高不下，同时随着全国各地先后进入体制创新的新阶段，浦东先发优势已经不再明显，这就促使浦东把下一轮发展的重心放在制度创新之上。

1.2　浦东新区发展规划

2005 年 6 月 21 日，在浦东开发开放 15 年之后，国家正式批准浦东新区进行国家综合配套改革试点，作为全国首个综合配套改革的试验田，浦东再一次站到了我国改革开放的最前沿，开始了以体制创新为核心内容的“二次创业”。这次浦东新的开发开放，国家在三方面寄予厚望：一是政府管理体制改革，提高政府的公信力，建立公信政府、法制政府、责任政府；二是要形成与国际通行做法相衔接的经济运行法规体系和制度环境；三是探索建立和谐社会、解决社会矛盾的方法，包括就业收入分配、科教文卫等方面的和谐发展。

2013 年，上海市人民政府印发《上海市主体功能区规划》，根据规划，上海将市域国土空间划分为四类功能区域以及呈片状或点状形式分布于全市域的限制开发区域和禁止开发区域。其中，都市功能优化区，包括黄浦区、徐汇区、长宁区、静安区、普陀区、闸北区、虹口区、杨浦区等中心城区及宝山区、闵行区；都市发展新区，即浦东新区；新型城市化地区，包括嘉定区、金山区、松江区、青浦区和奉贤区；综合生态发展区，即崇明县。浦东新区，2010 年常住人口 504.7 万人，占全市总人口的 21.9%，地区生产总值占全市的 28%左右。

1.2.1　功能定位

都市发展新区的功能定位是：“四个中心”的核心功能区，战略性新兴产业的主导区，国家改革示范区。发展方向是：

(1)推进形成“一轴三带”空间布局。推进建设陆家嘴—浦东空港发展轴，优化提升以小陆家嘴和世博地区为核心的沿黄浦江高端服务业发展带，加快建设以外高桥港区、浦东空港和洋山深水港为核心的滨江沿海发展带，打造以若干产业园区为主体的中部发展带。

(2)优化人口结构和布局。聚焦金融、航运、贸易、战略性新兴产业等重点领域，依托国际人才创新试验区建设，大力吸引高端人才和紧缺人才。引导人口向浦东南汇新城、川沙新镇等重点小城镇集聚，加快完善大型居住社区配套功能。至2020年，该区域常住人口占全市常住人口总量的比例预期为23%左右。

(3)提升资源配置能力。集聚金融机构，推进金融创新，加快建设陆家嘴金融城。完善现代航运服务体系，拓展高端服务功能，形成“三港”“三区”联动发展格局。大力吸引高能级贸易主体，推动内外贸联动，促进贸易与金融融合发展，积极推动外高桥国际贸易示范区建设。

(4)增强产业创新发展活力。以推进张江国家自主创新示范区建设为契机，完善技术创新、科技金融和人才等政策体系，营造良好的创新环境。依托重大产业项目、重大产业基地，优化调整产业结构，不断增强战略性新兴产业的创新引领作用。

(5)率先实现农业现代化。加快转变农业发展方式，积极发展都市高效生态农业，扩大与国内外农业合作，加快农业与二三产业融合，在农业科技引领、农产品品牌培育、农机装备现代化、农产品质量安全控制和监管等方面走在全市前列。

(6)促进绿色低碳发展。按照率先转型的要求，积极推进低碳试点，着力提升循环经济发展水平，推进水、大气等环境综合治理。加强生态建设，保护重要生态功能区，形成良好的人居生态环境，努力成为可持续发展的生态文明示范地区。

(7)推动改革先行先试。深入推进浦东综合配套改革试点，率先转变经济发展方式，在政府管理体制、科技体制、服务业体制、城乡统筹制度等重点领域和关键环节改革取得率先突破，发挥好示范带动作用。

1.2.2　主要任务

都市发展新区要高举浦东开发开放旗帜，着力提升全球资源配置能力和区域创新能力，大力发展现代服务业和战略性新兴产业，加快推进城乡一体化发展，不断增强综合服务功能和国际竞争力。

(1)推进陆家嘴地区深度开发和扩容，加强陆家嘴金融贸易区建设，提高金融机构集聚度和影响力，积极推进国家金融创新试点在浦东先行先试，加强与外滩金融集聚带联动发展，使其成为上海国际金融中心建设的核心区域。

(2)着力推进“三港”“三区”联动发展，建设高效统一的管理服务网络和平台，完善保税区和口岸监管模式，加快建设国际航运发展综合试验区和外高桥国际贸易示范区。强化浦东空港的航空枢纽地位，提升外高桥和洋山深水港区功能，完善配套服务功能，促进“三港”“三区”和祝桥镇等周边地区协调发展。

(3)加快推进世博地区开发，加强基础设施和公共服务配套，提升高端服务功能，积极打造集文化博览创意、总部商务、高端会展、旅游休闲和生态人居于一体的国际文化交流中心、市民公共活动中心和服务经济集聚区。促进花木城市副中心发展。

(4)提高张江、金桥地区自主创新能力，培育发展战略性新兴产业。强化张江高科技园区的创新功能、产业功能和服务功能，优化人才发展环境，打造国际一流的自主创新示范区和新兴科技城。发挥金桥出口加工区产业融合优势，建设具有国际先进水平的生产性服务业集聚区、先进制造业基地和生态工业示范区。

(5)加快国际旅游度假区和川沙新镇协调发展。推进迪斯尼大型主题乐园建设，大力培育旅游休闲、文化创意等产业，完善商业零售、住宿餐饮等服务配套，打造世界级的国际旅游度假区。深化川沙新镇全国小城镇发展改革试点，提升综合功能，切实增强对国际旅游度假区的配套和服务能力，实现共同发展。

(6)加快临港地区发展，着力吸引重大项目集聚，完善产业区生产生活配套，打造代表国家水平、具有国际竞争力的高端装备制造和战略性新兴产业基地；增强浦东南汇新城的城市功能，促进产城融合和人口集聚，建设生态宜居的综合性、现代化滨海新城。

(7)合理规划农业生产布局，大力发展设施农业、生态农业、种源农业和品牌农业，把特色农业与加工开发、贸易服务、乡村旅游等相结合，提升农业整体功能，高起点建设浦东新区国家现代农业示范区。

(8)优化生态空间结构，充分发挥耕地、绿地、林地、园地、湿地的生态效益，加大九段沙湿地、南汇东滩湿地、滨江森林公园、滨海森林公园等重要生态地区的保护力度，构筑生态安全网络。大力建设临港地区、世博地区等低碳发展实践区，推进高桥石化等地区产业结构调整和环境综合整治。

1.3 浦东服务业"营改增"试点影响

1.3.1 对浦东服务业发展格局的影响

2012 年 1 月 1 日"营改增"在上海的试点改革，对于中国的税务制度产生了深远的影响，这一改革预示着中国增值税最终全面取代营业税的发展方向。准确地讲就是降低间接税在全部税收中的比重，从而释放现代服务业的发展潜力，促进地方经济结构转型和中国经济的整体发展。"营改增"试点对浦东服务业发展格局的影响主要为[6]：

(1)浦东内外资服务业格局变化

浦东内外资现代服务业将大量增加，短期内会抑制内资服务业的发展。"营改增"政策能够吸引企业来上海设立地区管理总部，这使浦东新区总部经济高地建设形成了优势。"营改增"对于上海行业细分和服务外包的发展、尤其是总部经济的发展有重大的推动作用。在浦东的现代服务业中，外资服务业不仅比重大，而且规模效应明显。截至 2011 年底，注册在浦东新区的外商投资服务业总部约有 300 户，年增长率约为 9.9%，平均投资额约为 2800 万美元，是上海市外商投资企业户均投资规模的 4.4 倍，投资额排名前 10 位的事业类总部投资总额大多超过 1 亿美元。

(2)浦东不同规模服务业格局变化

浦东新区"营改增"试点中，一般纳税人的比例明显高于全市水平。这些企业在上海市的先行试点中，利用区域政策"洼地"效应，获得了不少商机。随着“营改增”试点在全国的推广，政策红利将迅速消失，企业对政策的关注将从短期的适应、调整布局转向企业的发展战略方面，如梳理企业的业务流程增加抵扣项、通过制造业服务业分离扩大受益程度、阶段性增加固定资产投入等，这些措施将促进企业的规模提升和效率管理，最终引导其中的一部分企业脱颖而出。

同时，在“营改增”试点过程中一些实际问题还将逐步显现。比如对于大部分规模企业而言，业务经营活动往往比较复杂，因此企业对于自己是否属于试点范围存在疑问。再以总部经济为例，在地区总部与各个公司签订的服务合同中，包含各种具体细节，可能涉及技术、软件、人事管理等各方面的服务。每一项具体的服务条款可能涉及的税种各不相同，有些适用营业税，有些适用增值税，企业在实际操作过程中往往难以把握。

对于浦东新区的小微型现代服务业而言，虽然其总量占比低于全市平均水平，但是发展迅速，同时这些企业对于构建浦东新区完整的服务业体系，延长产业链，促进地区就业都有不可替代的作用。“营改增”试点使这些企业虽然税负水平平均降低了40%，但企业的管理成本和财务成本同时上升。

企业普遍反映试点后管理成本上升，特别是企业财务管理人工成本上升近三倍。对于企业而言，“营改增”实际上是带来整个会计核算体系的改变。两类企业中大多为中小型企业，试点前会计核算多采取公司一人多岗、兼职会计或者聘请记账人员的形式，“营改增”后非常容易产生会计核算不健全的情况。同时，小额纳税人增值税发票限额偏低，企业开票数量大增，必须定期到税务机关换发票，增大了企业管理成本。同时，按目前的增值税条例，小规模纳税人如果不愿承担较高的会计成本，可选择按照营业额的3%缴纳增值税，但不得进行增值税抵扣。因此，没有完整会计账册的小微企业无法享受增值税抵扣带来的税负减轻，反而由此在同业竞争中与大中企业相比丧失了部分议价竞争能力。

(3)浦东重点服务产业发展

交通运输业和现代服务业企业集聚的洋山保税港区，是这次

"营改增"试点的受益区。由于政策效应影响，2012 年 2 月底，洋山保税区企业户数比 2011 年底增加 31 户，1—2 月税收收入 7.4 亿元，同比增长 30%。税改之前，按照国家政策，对注册在洋山港区的航运企业从事海上航运、仓储、物流等服务取得的收入免征营业税。其中，免征营业税无期限，免征范围涵盖国际和国内航运业务。"营改增"后，上海财税部门给出了明确的解释：凡注册在洋山保税港区内的试点纳税人，对提供国内货运、仓储、装卸等服务和安置残疾人的企业，实行增值税"即征即退"优惠政策。虽然从"免征"到"即征即退"使企业的资金链有所负担，但从长远来看，新的税收制度可以鼓励企业外包运输、仓储等业务，还利于规范行业发展。如果某港口物流集团的仓储和运输业务由不同的法人经营，在现行做法下需要对运输和仓储业务分别征收营业税。由营业税改为征收增值税，则可以避免重复征税。这会导致物流链各环节专业化程度提高，物流集团没有必要为了避免营业税重复征收而进行并购，第三方或第四方物流将因此而快速发展，与航运相关的各种服务将沿着产业链进行更为细致的专业化分工。为了获得产业链各环节的协同效应，产业集聚程度会更高。

目前，针对国际航运中心建设，国家和地方出台了不少支持航运业和航运服务业的政策，其中多以营业税的减免政策出现，因此在原有政策体系下，上海洋山港并没有政策优势。而随着增值税的试点税率向全国推广，全国物流企业的税负水平将大大提高，那么上海洋山保税港区的"即征即退"政策优势将大大强化，从而加速航运相关产业向这两个区域集聚。出于抵扣链条的完整，航运企业和港口企业更倾向于使用上海本地的相关服务业企业所提供的服务，从而有利于上海国际航运中心航运服务优势的进一步强化。

信息服务业一直是浦东新区的重点发展产业之一，然而，从"营改增"的试点企业统计看，浦东新区信息服务企业比重并不大，特别是与研发服务企业间的差距较大。这反映出浦东新区经济转型的阶段性特征，即新区的现代服务业对区域制造业的依存度还较大，独立于制造企业的中间服务业还不成熟。

在此次"营改增"试点中，"信息技术服务"是重要的应税服务之一，对浦东新区 IT 服务业影响显著。从宏观层面分析，这对于 IT 服务业整体具有减负的效果。更为重要的是，“营改增”能够从市场需求方面对 IT 服务企业产生积极影响。由于 IT 服务企业所服务的第二、三产业客户同样可以进行增值税抵扣，因此“营改增”降低了客户购买 IT 服务的成本，刺激了中国 IT 服务市场需求的增加，这对于广大 IT 服务企业来说无疑是一大利好。而对于整个 IT 服务产业来说，这也是促进产业快速发展、优化产业分工合作的重要举措，对于促进工业化和信息化深度融合也具有重要意义。

从微观层面分析，“营改增”则对小规模 IT 服务企业具有更有利的影响。根据上海市的相关政策细则，增值税小规模纳税人适用简易计税方法计税，即按照不含税销售额乘以 3%的征收率计算缴纳增值税的额度。这对于从事 IT 服务的广大中小微企业无疑是一大利好，其税负将明显减轻。

随着多样化经营和新的经济形式不断出现，税收征管也面临着新的难题。从税收征管的角度看，两套税制并行造成了税收征管实践中的一些困境。比如，在现代市场经济中，商品和服务捆绑销售的行为越来越多，形式越来越复杂，要准确划分商品和服务各自的比例也越来越难，这给两税的划分标准提出了挑战。再如，随着信息技术的发展，某些传统商品已经服务化了，商品和服务的区别愈益模糊，对混合销售和兼营行为难以清晰界定，是适用增值税还是营业税的难题也就随之产生。

“营改增”能为浦东新区打造国家重点服务外包基地带来显著效应。“营改增”后，在岸服务外包业务成本大大降低。在岸服务外包业务一般按 5%的税率缴纳营业税，试点城市的在岸服务外包业务(一般纳税人)可按 6%的税率缴纳增值税。虽然表面上看还要高，但是增值税可以抵扣，在岸服务外包企业支付境外的费用可以抵扣，进一步分包获得的增值税发票也可以抵扣，企业购买水电费、外购汽油、外购固定资产、修理费，外购低值易耗品、办公用品及交通运输费等用于生产的增值税发票都可以作为进项抵扣。所以，经部分企业测算，在岸服务外包业务实际增值税税率会大大降低。试点政策关于纳税人的规定会使原来许多一般纳税人(年应税服务销售额在 80 万元到 500 万元之间的服务企业)作为小规模纳税人管理，适用 3%的增值税征收率，也明显低于营业税 5%的税率。试点城市的服务外包企业更容易获得业务。

1.3.2 对中小企业及现代服务业的减税效应

“营改增”是新一轮结构性减税政策的主要组成部分，从实际情况来看，此次“营改增”的总体减税效应是显著的，2012 年上海市试点企业和原增值税一般纳税人整体减轻税负约 166 亿元，绝大多数试点行业和企业的税收负担有所下降，对中小企业和现代服务业的发展起到了积极的推动作用。

(1)试点小规模纳税人的税收负担明显下降

所有试点小规模纳税人的税收负担都不同程度地有所下降，总体税负下降 40%左右，其中，交通运输业、物流辅助服务部分项目(装卸搬运等)试点小规模纳税人税收负担下降近 3%，其他行业试点小规模纳税人的税收负担下降幅度接近 42%。小规模纳税人税收负担的下降与改革后企业适用税率以及计税依据的变化密切相关。假定试点企业改革前的营业额为 *A*，对于交通运输业等原来适用 3%的营业税税率的企业来说，即使按照 3%的税率征收增值税，由于增值税是价外税，其计税依据低于营业税，税收负担仍将有所下降，下降幅度为 2.9%。如果试点企业原来适用的营业税税率是 5%，其税收负担将有较大幅度的下降，下降幅度为 41.8%(如表 3 所示)。由于小规模纳税人占试点纳税人的比重较高(接近 70%)，

表 3　**小规模纳税人“营改增”试点前后税负变化分析**

营业额/销售额	改革前		改革后		税负变化
	税率	税额	税率	税额	
A	3%	$A\times3\%$	3%	$[A/(1+3\%)]\times3\%$	-2.9%
	5%	$A\times5\%$	3%	$[A/(1+3\%)]\times3\%$	-41.8%

且服务企业小规模纳税人的认定标准较为宽松(应税服务年销售额未超过 500 万元的纳税人为小规模纳税人，远宽于商业企业 80 万

元和制造业 50 万元的小规模纳税人标准)，因此，中小服务企业被认为是本次“营改增”改革试点受益最多的群体，“营改增”有助于缓解当前中小企业发展面临的困境。

(2)试点一般纳税人多数行业和企业的税收负担是下降的

对于被认定为增值税一般纳税人的试点服务企业来说，其实际税收负担如何变化取决于多个方面的因素：一是原来适用的营业税税率和现在适用的增值税税率两者之间的差距越大，其税收负担上升得就越明显；二是改征增值税后可以抵扣的进项税额越多，税收负担会相应降低；三是原来享受的差额征税等优惠措施能否延续；四是改革后的税负增加能否得到财政补偿；五是企业议价能力强弱，议价能力越强，越容易将税收负担转嫁出去。以交通运输业为例，假定试点企业改革前的营业额为 *A*，由于适用的名义税率从 3%提高到 11%，如果不考虑抵扣因素，其名义税负将增加 230%，要保持税负不变，其进项税额相当于原营业额的比例必须达到 6. 9%，假定购进项目适用 17%的税率，其占营业额的比例必须达到 40%(如表 4 所示)。

分行业来看，交通运输业的整体税负有所下降，但是部分企业税收负担上升较大。以上海远洋运输有限公司为例，该企业 2012 年增值税税负率(已缴纳增值税税额/本期销售额)为 6. 0%，而按原营业税方法计算营业税税负率为 3. 1%，实际税负率上升了 2. 9 个百分点，税负增加明显。交通运输业税负上升主要是由于改革试点范围有限，企业抵扣项目的比例低于预期所致。例如，虽然燃油费、修理费已纳入增值税进项税额抵扣的范围，但是在实际操作中企业难以从部分加油站、修理店取得增值税专用发票，在交通运输企业成本中占比较高(约为 15%)的路桥费未纳入试点范围，导致购进项目不能充分抵扣，使得交通运输业的整体税率偏高。同时，固定资产的更新有一定的周期，在改革试点初期一些企业购进固定资产较少，导致税收负担增加。当然，也有不少企业的实际税收负担是下降的，甚至是负的，例如，某航空公司 2012 年购进了一架飞机，导致其应缴增值税长期是负值。有形动产租赁服务行业的整体税负虽然有所上升，但 88. 2%的企业税收负担是下降的。而对于鉴证咨询服务业和文化创意服务业来说，虽然税率仅从5%上升到6%，但由于其成本主要是人工成本，可以抵扣的项目非常少，导致其整体减税效应不是很明显，超过20%的企业税收负担甚至是上升的。

表4　**一般纳税人“营改增”试点前后税负变化分析**

行业	改革前		改革后		名义税负变化(不考虑进项抵扣)	税负平衡时进项税额应相当于A的比率	抵扣项目(假定适用17%的税率)应相当于A的比率
	税率	税额	税率	税额			
交通运输业	3%	3%×A	11%	9.9%×A	230%	6.9%	40%
有形动产租赁业	5%	5%×A	17%	14.5%×A	190%	9.5%	56%
物流辅助业	3%	3%×A	6%	5.66%×A	88.7%	2.66%	16%
其他现代服务业	5%	5%×A	6%	5.66%×A	1.13%	0.66%	4%

(3)原增值税一般纳税人和服务出口企业从中受益

对于原来的增值税一般纳税人来说，由于其购进服务所承担的增值税可以抵扣，税收负担将下降，因此也是此次增值税改革的净得益者。假定改革试点前原增值税一般纳税人的不含税销售额为A，其构成如下：购进货物的成本比例为50%，购进服务的成本比例为20%，本环节的增值率为30%，增值税税率为17%，假定购进服务适用的增值税税率平均为6%。改革试点前由于购进服务无法抵扣，其增值税实际税率为(1-50%)×17%=8.5%；改革试点后由于购进服务可以抵扣，其增值税实际税率下降为7.3%左右(8.5%-20%×6%)，税负率下降了1.2个百分点，其购进服务所占比率越高，税收负担就下降得越明显。以上海某汽车有限公司为例，改革前其从试点企业购进的广告服务和研发服务成本取得的营业税发票不可抵扣，需计入成本，而改革后绝大部分服务能够取得增值税发票进行抵扣，税负下降了1%左右。对于服务出口企业来说，由于服务出口免征营业税，其税收负担将下降，而对于国际运输服务和出口研发设计服务来说，由于适用零税率，之前环节的增值税还可以退还，其税收负担将下降得更多。因此，改革试点对服务出口企业的减税效应也非常明显。

1.4　“营改增”试点中存在的问题及完善建议

尽管面临很多难题，但是服务业“营改增”的推进速度出乎很多人之前的预期，显示出中央推进改革的巨大决心。虽然服务业“营改增”取得了明显效果，但随着试点时间的推进和范围的扩大，仍有许多问题需要进一步完善，这既包括税制设置等方面的制度性问题，也包括改革试点中的操作性问题。

(1)税制设置不尽合理，需要进一步优化

改革后新增了两档增值税税率，使得我国目前增值税税率达到4档，虽然试点初期使用多重税率可以兼顾各方利益，有利于推进改革，但是增值税税率档次设置过多，会影响增值税税收中性特征的发挥，与增值税的本质要求相悖。在所有行业中，交通运输业反映的问题和矛盾较为突出。为了解决这一问题，江苏省建议从2013年起该省交通运输物流业全部执行一般纳税人的简易征收办法(3%)，这虽然可以暂时缓解这一行业的税负增加问题，但有悖于改革初衷，因此财政部没有同意。从国际上看，增值税的税率不宜超过3档，因此，即使“营改增”扩大到邮电通信等其他行业，也不赞成再增加增值税税率档次，否则只会使增值税征管更加复杂，不符合增值税的中性要求。相反，应该进一步归并目前的增值税税率档次。如可考虑将与人民生活密切相关的一些产品所适用的13%的低税率与交通运输业11%的税率合并，税率统一为11%，或降低为10%，从而降低这些产品的税收负担，如果税率降为10%也可暂时缓解交通运输业税负上升的压力。一段时间后，税率档次可以进一步归并、减少。

(2)试点范围过窄弱化了政策效应，亟待进一步扩大

目前，试点行业还仅限于交通运输、部分现代服务业等1+6行业，虽然试点区域推广到12个省市，但试点范围还是相对有限，由于只在少部分地区及行业征收增值税，因此仍有较大比例的外购服务不能进行进项抵扣。如，交通运输业之所以税收负担上升，一个重要原因就是试点范围过窄，铁路运输和公路运营暂未包括在改革试点范围内。征税范围过窄也增加了征管难度和征管成本，不利于地区之间的公平竞争。扩大试点范围可使得减税效应进一步显现，对产业发展的联动效应也将进一步放大。试点范围的扩大包括试点行业和试点区域两个方面。首先，应尽快完善目前的1+6行业改革试点。以交通运输业为例，应将公路运营和铁路运输也纳入试点范围，扩大抵扣链条，以缓解和解决交通运输业整体行业税收负担上升问题。其次，逐渐扩大改革试点的行业范围。具体可分三步走：一是将邮电通信业、转让无形资产、不动产租赁纳入试点范围；二是再将试点范围扩大到建筑安装业、文化体育业、销售不动产等行业；三是对于金融保险服务业以及生活性服务业(如娱乐业、餐饮业等)通过采取简易征收方式实现增值税的全覆盖。通过三步走，基本完成服务业“营改增”改革。最后，扩大部分行业的改革试点区域范围。交通运输业以及物流辅助业“营改增”可优先在全国范围内进行试点，因为这两个行业的区域性特征不是很强，存在较强的相关性，且与企业的生产经营活动密切，分区域试点已带来很多问题，在全国范围内实施可以积累经验，加快“营改增”改革进程。

(3)配套政策和征收管理存在不足，应进一步加强

过渡性财政扶持政策在短期内来看有其必要性和合理性，但长期来看补贴的合理性值得商榷。原来营业税有很多差额征税规定，改革后这些政策仍然延续，但在增值税规定中进项抵扣采取凭票抵扣，而差额征税规定以扣除相关支付款项后的差额作为计税依据，增加了管理的复杂性。服务贸易形式多样，目前部分企业提供的服务合同条款的约定较为宽泛和粗略，交易双方多为关联公司，增加

了税务机关判断应税服务是否符合出口免税规定的难度。应完善配套政策，逐步减少对部分试点企业的财政补贴，适时取消试点企业原营业税差额征税优惠政策，如设定明确的3年过渡期，迫使其尽早调整生产运营方式，避免企业对财政补贴和优惠形成依赖性。在征收管理方面，应细化现代服务业税目，增加税目注释，减少模糊操作空间，加强发票管理和审核，建立适用于“营改增”企业的风险评估指标体系，防范税收风险。对于服务出口，应尽快出台服务出口免税指导性实施细则。

(4)财政体制不变只能是权宜之计，应适时调整

我国目前的分税制财政体制是在1994年确立的，其后总体呈现“财权上移、事权下移”的趋势，地方财政收入压力相对比较大，对中央转移支付的依赖程度高，这次“营改增”因试点产生的财政减收按现行财政体制由中央和地方分别负担，相当于在原来的财政管理体制上又打了一个补丁，没有解决根本性的问题，只能是权宜之计。“营改增”将是新一轮财税体制改革的导火索，应以此为契机，推进财政体制的完善，优化目前的中央对地方税收返还和转移支付方式。可以把“营改增”改革与完善分税制财政管理体制结合起来，底线是保证地方财政收入不因改革而受到影响。基于“营改增”试点对总体财政收入以及中央和地方财政收入影响的测算，调整改革后的增值税分享比例是较好的选择，如分成比例可以调整为50∶50。应考虑国税机构与地税机构的征管协调问题，在人员配置上可以根据业务变化适当调整机构编制，同时加强信息共享和沟通，降低征管成本。

2. 天津滨海新区

2.1　滨海新区概况

滨海新区，是中国第二个国家级新区、国家综合配套改革试验区。滨海新区规划面积2270平方公里，海岸线153公里，截至2010年底，滨海新区常住人口达到248万人。滨海新区拥有世界

吞吐量第四的天津港，2010 年吞吐量达到 4 亿吨，通达全球 400 多个港湾，服务华北、西北、东北 12 个省区市；天津滨海国际机场，连接国内外 30 多个世界名城；四通八达的立体交通和信息通信网络，在第一时间与世界相连。2010 年 1 月 11 日，天津滨海新区政府机构正式揭牌。这里聚集了国家级开发区、保税区、高新区、出口加工区、保税物流园区和中国面积最大、开放度最高的保税港区，是全国综合配套改革试验区。丰富的石油、天然气、海盐和 1214 平方公里可供开发的土地，滨海新区蕴藏着巨大的发展潜力，吸引着世界的目光。

滨海新区的总体布局为一轴、一带、三个城区、八个功能区（见图 3）。一轴为沿京津塘高速公路和海河下游建设“高新技术产业发展轴”；一带为沿海岸线和海滨大道建设“海洋经济发展带”；三个城区为在轴和带的 T 形结构中，建设以塘沽城区为中心、大港城区和汉沽城区为两翼的宜居海滨新城。八个功能区划分为先进制造业产业区、滨海高新技术产业开发区、南港工业区、滨海中心商务区、海港物流区、空港经济区、滨海旅游区、临港经济区。

滨海新区地处华北平原北部，位于山东半岛与辽东半岛交汇点上、海河流域下游、天津市中心区的东面，渤海湾顶端，濒临渤海，北与河北省丰南县为邻，南与河北省黄骅市接壤，地理坐标位于北纬 38°40′至 39°00′，东经 117°20′至 118°00′，紧紧依托北京、天津两大直辖市，拥有中国最大的人工港、最具潜力的消费市场和最完善的城市配套设施。以新区为中心，方圆 500 公里范围内还分布着 11 座 100 万人口以上的大城市。对外，滨海新区雄踞环渤海经济圈的核心位置，与日本和朝鲜半岛隔海相望，直接面向东北亚和迅速崛起的亚太经济圈，置身于世界经济的整体之中，拥有无限的发展机遇。滨海新区自然资源丰富，这里有大量开发成本低廉的荒地和滩涂，具有丰富的石油、天然气、原盐、地势、海洋资源等，同时拥有雄厚的工业基础，是国内外公认的发展现代化工业的理想区域。

滨海新区产业传递、对外服务和辐射功能日益增强，与周边地区优势互补、共同发展的格局已经形成。

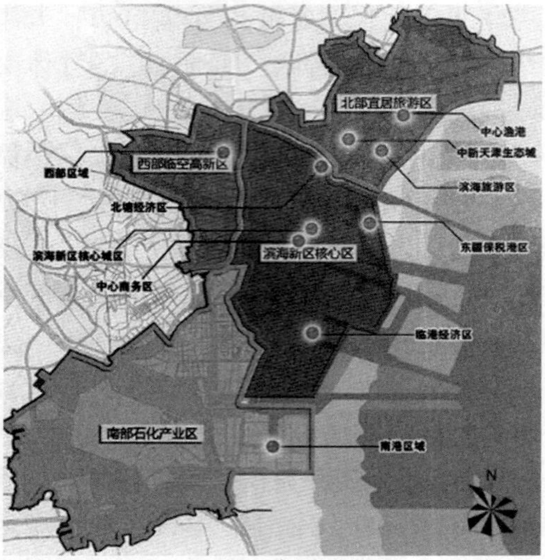

图 3 滨海新区行政规划图

以下是滨海新区具体功能划分格局：

①先进制造业产业区。先进制造业产业区包括天津经济技术开发区(包括东区和西区)、塘沽海洋高新技术开发区、海河下游石油钢管和优质钢材深加工区。总规划面积 155 平方公里。重点发展电子信息、汽车和装备制造、石油钢管和优质钢材、生物技术与现代医药、新型能源和新型材料等产业，努力建设成为服务和带动环渤海地区产业升级的现代制造业和研发转化基地。

②空港经济区(原名临空产业区)。空港经济区包括天津滨海国际机场、空港物流加工区、民航科技产业化基地等，总规划面积 102 平方公里，依托天津滨海国际机场优势资源，重点发展临空产业，努力建设成为以航空物流、民航科技产业、临空会展商贸、民航科教为主要功能的现代化生态型产业区、总部经济聚集区。天津临空产业区(航空城)是滨海新区重要的功能区之一，以空港物流加工区为载体，是中国新兴的国际合作与自主研发相结合的国家级航空高技术产业基地。

③滨海高新技术产业开发区。滨海高新技术产业开发区是第一个由国家科技部和天津市政府共建的国家高新区，规划面积30.5平方公里。滨海高新技术产业开发区将建设成为自主创新的领航区、国际一流的高新技术研发转化基地、高新技术产业和高端人才聚集中心、绿色宜居的生态科技城。主要包括绿色能源、生物医药、航空航天产业、高端信息制造业、现代服务业等支柱产业。

④临港经济区(原名临港工业区)。临港工业区包括临港工业区(一期)、港口功能区、临港产业集聚区、物流功能区，重点发展石油化工成套设备、造修船和海洋工程、交通运输设备和港口机械、风力发电及输变电设备等重型装备制造业，并开辟天津港第二航道。

⑤南港工业区。南港工业区定位于以世界级重化工业为核心的具有持续竞争力的工业区域，规划面积200平方公里，重点发展以石油化工、冶金钢铁、重型装备制造、港口物流4大主导功能。

⑥海港物流区。海港物流区是建设北方国际航运中心和国际物流中心的重要载体，包括天津港、天津保税区和东疆保税港区，规划面积100平方公里。重点发展海洋运输、国际贸易、现代物流、保税仓储、分拨配送及与之配套的中介服务业，形成货物能源储运、商品进出口保税加工和综合性的国际物流基地。

⑦滨海中心商务区。滨海中心商务区规划面积7平方公里，包括于家堡金融商务区、响螺湾商务区和开发区商务区。重点发展金融、保险、商务商贸、文化娱乐、会展旅游等产业。中心商务区努力建设成为环渤海地区金融中心、国际贸易中心、信息服务中心、国际性文化娱乐中心、高品质的国际化生态宜居城区。

⑧滨海旅游区。滨海旅游区位于中新天津生态城东侧，规划面积100平方公里，其中陆域约25平方公里，海域约75平方公里。现已有基辅号航母军事主题公园等游乐设施。规划滨海旅游区将形成主题公园游、生态湿地游、黄金海岸休闲游、游艇度假游、海上观光游、高尔夫休闲运动等主要旅游项目，与周边生态城、七里海湿地、中心渔港、北塘、汉沽休闲农业等主要景点形成一体化的旅游线路。

2.2　滨海新区发展规划

滨海新区的发展定位是：依托京津冀，服务环渤海，辐射“三北”，面向东北亚，建成高水平的现代制造和研发转化基地，北方国际航运中心和国际物流中心，宜居的海滨新城。经过15年左右的努力，把滨海新区建设成为具有国内领先、国际一流的技术和管理水平，具有较强自主创新能力的现代制造和研发转化基地；建设成为服务辐射能力强、运转效率高的北方国际航运中心和国际物流中心；建设成为特色鲜明、风景宜人的国际旅游目的地；建设成为具有综合竞争力和世界影响力，服务和带动区域经济发展的改革创新先行区；建设成为以人为本、要素集聚、生态良好的最适宜创业和人居的现代化海滨新城。到2020年，新区生产总值达到10000亿元，年均递增13.5%，工业总产值达到24000亿元以上，口岸进出口总值达到5000亿美元以上。

滨海新区作为天津的龙头地区，拥有天津市最多的中小企业，其数量近10万家，占天津市中小企业的25%，而这些中小企业普遍缺乏资金持。政府现有的资金需要拨给其大力扶持的大型项目，融资困难是中小企业普遍面临的问题。同样，资金短缺、融资困难也突出体现在中小企业的发展过程中，并且已极大地限制了中小企业的发展和壮大，在滨海新区更是如此。作为普通银行的信贷产品，大部分融资形式采用抵押贷款、联保等形式，而滨海新区的大部分中小企业为科技型或服务型中小企业，其中科技型中小企业近3000家，占天津市中小企业总数的22%，销售收入在500万元以上的有近500家。这些企业普遍可抵押物较少，相互之间不熟悉，故传统的信贷形式不能满足这些企业的融资需求，所以开发出新的融资产品是滨海新区中小企业的迫切需求。

在滨海新区，各大银行都已进入，信贷量已饱和。各大银行对中小企业贷款的支持多种多样，商贷通、兴业通、展业贷等都已开发出较多产品，但是其普遍要求房产抵押，但73%的中小企业主房产都是按揭购入，不可能再次贷款，而中小企业的融资需求普遍在200万元左右。如此形势下，融资租赁便应运而生。

2.3 滨海新区发展融资租赁业的必要性

(1)可以加快天津北方金融、贸易和航运中心的建设进程

融资租赁本身是五大金融工具之一，发展融资租赁将丰富天津北方金融中心体系，同时融资租赁业务离不开保险、咨询、公证、法律、资产评估等专业机构的共同参与，它们是建设金融中心所必需的软环境。在融资租赁业得到发展的同时，天津的各类专业机构也将得到发展，由此所形成的金融集聚效应将大大增强金融的辐射性，从而加快天津北方金融中心建设的进程，并助力天津贸易、航运中心建设。

(2)加速制造业结构升级，进一步提高滨海新区经济服务能力

融资租赁具有良好的促销功能，它能够提高消费者的购买能力，帮助制造商促进商品销售，拓展产品营销渠道，捕捉市场供求信息，提高经营决策水平，从而促进产业和产品结构的升级。发达国家的飞机、船舶、机床、医疗、成套设备、工程机械等大型设备50%以上是通过融资租赁实现销售的。作为滨海新区的战略性制造行业，如石油和海洋化工设备、汽车和装备制造、航空航天、港口与海洋装备、轨道交通设备等，为了能够在区域经济的激烈竞争中获得有利的市场地位，必须借助融资租赁实现企业的战略目标。融资租赁业作为典型的生产性服务业，不仅可以极大地促进滨海新区先进制造业的发展，而且可以提高其服务环渤海和辐射东北亚进而进军国际市场的能力。

(3)使滨海新区直接形成金融业和现代服务业增量，并真正获得“总部经济”效果

目前，滨海新区共有各类融资租赁公司 6 家，注册资本 98 亿元人民币，承载的融资租赁业务总量可达 1000 亿元人民币。这些融资租赁公司近年来业务得到快速发展，为滨海新区和天津经济的发展起到了较大的推动作用，给地方政府带来了可观的融资服务收入及税费收入。融资租赁公司业务尽管遍布全国，但业务管理和收入却全部汇集到总部，在这种模式下，滨海新区通过发展融资租赁市场，一方面可以起到服务环渤海、辐射东北亚的作用，另一方面

还可以取得“市场分散、财税聚中”的“总部经济”效果。

(4)为中小企业和城市基础设施建设融资开辟新的渠道

融资租赁具有强大的融资功能，它能够向承租人提供资金的融通服务，与银行信贷相比，融资租赁更为注重承租人的现金流水平和租赁标的物的获利潜能。融资租赁业务流程简单，对承租人的资信等级要求不高，还款方式非常灵活，租赁期限普遍较长，因而非常适合中小企业和长期投资项目的需求。2008 年，金融危机席卷全球，世界经济整体增速放缓，金融市场动荡加剧，我国很多产业利润下滑，银行紧缩银根，企业贷款更加困难，大量中小企业因缺乏资金而面临严重困境，中小企业融资难的问题日益凸显。受金融环境和货币政策的影响，中小企业以银行借贷为主的传统融资方式已难以满足企业融资需求。融资租赁以其特有的筹资优势受到企业界的关注，成为中小企业突破融资困境的有效方式。此外，融资租赁作为一种以资产为基础的融资，它能够对财产权提供更严密的保护，因而能够减小出租人的风险。通过这种安排，一些在银行无法得到贷款的中小企业可以通过租赁公司解决其融资问题，得到并使用生产经营急需的设备，因此融资租赁为当前中小企业走出困境提供了一个很好的契机。

例如，位于滨海新区的泰达大街的某光学仪器公司，成立于 2003 年，主要研发医疗光学仪器和光电子设备。公司原有注册资本 100 万元，属于中小企业。而滨海新区虽然大力开发高科技产业，但是该公司规模较小，很难得到资金上的支持，该公司发展需要更新一定的设备，才能有更高的产值。该公司总经理经人介绍了解到某金融租赁公司可以进行设备融资租赁，于是其经过仔细考虑一次性租赁 20 套设备，约定期后由融资租赁公司收回。其仅仅用几十万元的当前支出就能使用价值上千万元的设备，而且在使用期结束后由融资租赁公司进行回购。这样其又能有流动资金再次更新设备对于企业循环经营更加有利。而在税收方面，虽然滨海新区在资金上不能做到对每个中小企业给予支持，但是在税收政策上，对融资租赁的方式，滨海新区还是给予相当的政策优惠，在合同签署之后该光学仪器公司表示，这种新的融资方式更有利于中小企业的发展，而且区政府还不用多投入，只是在税收政策上优惠，中小企业就能享受更多的实惠[7]。

2.4 滨海新区融资租赁现状及面临的问题

截至2013年年末，总部设在天津的各类融资租赁公司已达到206家，约占全国的20.1%；注册资金总计840亿元人民币，约占全国的27.5%；租赁合同余额5750亿元人民币，约占全国的27.4%，同比增长55%。据悉，这些公司绝大部分注册在滨海新区。业内人士称，未来新区将成为全国融资租赁聚集地。

目前，滨海新区在促进融资租赁业快速发展方面主要呈现出以下几个特点。一是持续优化的行业发展环境。从税收政策到补贴支持措施，再到市场培育等方面，都对融资租赁产业给予大量支持优惠。二是融资业务不断创新。目前，已先后推出了单机、单船租赁公司，报税租赁、境外资产包转让租赁，飞机发动机租赁、离岸租赁、出口租赁等多种租赁模式，创造了多个国内租赁行业第一单。三是形成了专业化的经营模式。目前，金融租赁以服务地区产业为基本立足点，结合自身优势，逐步形成了专业化差异化的发展格局，各类大型设备租赁占据了工务局优势，开展医疗、卫生、交通等基础设施的创新性租赁业务。四是形成了完善的业务链和管理体制，不断推动融资租赁模式，资产管理、风险管理等各个方面多项创新转型工作均引领行业发展。五是租赁公司的租赁质量总体良好。在经济下行情况下，租赁业资产质量保持总体健康良好。

但目前滨海新区融资租赁业仍不可避免地面对着以下几个问题：

(1)融资渠道单一成为融资租赁公司成长的主要瓶颈

根据《金融租赁公司管理办法》，目前国内三种类型的融资租赁公司中，银监会批准设立的金融租赁公司可通过发行金融债券、银行间市场以及向金融机构借款等渠道筹集长期资金，加上金融租赁公司与银行天然的联系，此类金融租赁公司资金来源渠道相对较多。而对于由商务部批准设立的内资租赁公司，按照监管部门规定，其名称不能含有“金融”两字，并且无法从银行间市场拆借资金。虽然其从事的业务和金融租赁公司一样，但其资金来源除资本金外，一般要依赖银行贷款，而融资租赁涉及的设备、厂房大多具有价值高、租期长的特点，需要长期占用资金。缺乏稳定、低成本的资金来源是制约目前融资租赁公司发展的一大瓶颈。

(2)融资租赁业人才缺乏，理论研究尚处于起步阶段

融资租赁业在我国仍属新兴产业，对其研究尚未形成系统，特别是对于适合中国国情的融资租赁模式尚未形成明确结论。同时由于融资租赁投资大、周期长、涉及的当事人多，法律关系较为复杂，风险较大，需要一批既精通融资租赁理论又具有丰富实践经验的专业从业人员，特别是需要懂金融、管理、贸易和法律的综合性人才。尽管融资租赁公司在中国已经有将近三十年的历史，但其间融资租赁的萎缩使得大量人才流失，国内经济、金融学界也未对融资租赁人才的培养给予足够的重视，例如目前国内没有一所高校开设融资租赁相关专业，人才约束是融资租赁业发展的又一瓶颈。

(3)法规建设和风险防范滞后

目前国内融资租赁公司分别由银监会和商务部批准和监管，两个部门分别对应管理金融租赁公司和融资租赁公司。尽管在名称和出资人要求上有所区别，实际上两类融资租赁公司从事的业务基本一致，但目前对融资租赁公司管理依据的是两个部门的管理办法和一些地方性法规，这些法规在适用范围和可操作性上都有一定的局限性。融资租赁的快速发展急需统一有效的法规保障。同时融资租赁的快速发展和法规滞后导致企业风险防范意识薄弱，特别是新组建的企业没有建立有效的风险防范机制。

2.5　滨海新区推进融资租赁业发展的对策

(1)转变观念，提高融资租赁社会认知度

融资租赁是集贸易、金融、租赁为一体的综合性金融业务，通过融资租赁业务的开展，可以帮助承租人节省固定资本投入，提高资金利用效率；可以帮助出租人保留设备的所有权，享受投资税减免、加速折旧等优惠政策，降低租赁运作成本，提升市场竞争能力；可以帮助制造商促进商品销售，拓展产品营销渠道；可以帮助

银行降低信贷存量的风险，缓解固定资产过度信用化，通过融资租赁公司直接参与设备购置，全权控制资金用途，有效地降低中长期债务增量的风险。但是，长期以来我们对融资租赁的认识存在误区，思想观念与世界融资租赁业的蓬勃发展相比还存在较大差距。脱胎于计划经济的市场经济体制还在完善之中，“大而全、小而全”的思维模式在企业扩大规模、添置设备的决策中依然占据明显位置，“重买轻租”的观念仍很普遍，传统的所有权意识根深蒂固。对融资租赁缺乏必要的了解和认识，由此严重制约了融资租赁这一现代租赁业务的发展壮大。因此，应加强对融资租赁业务的理论研究，加大对融资租赁的宣传力度，帮助企业深化对融资租赁业务的认识，理解所有权与使用权分离在融资租赁多赢格局中的重要意义，摒弃重所有权、轻使用权的陈旧观念。

(2)加大政府支持力度，营造良好的发展环境

尽管从理论上说，融资租赁的产生和发展是市场经济使然，但在目前的国情下，政府的政策支持和积极推动，仍是这个行业能够迅速发展起来的关键。纵观经济发达国家融资租赁发展的实践，无一例外地要得到政府的扶持。首先，由政府适当地承担一部分风险，从而吸引更多的资本和机构投资者充当融资租赁者，进而通过融资租赁公司吸引银行或社会投资，发挥积极财政政策的倍增效应。其次，大力培育滨海新区租赁市场，重点培育一批有规模、有影响力的租赁公司，尤其加快发展有国资背景的融资租赁公司，以更好地贯彻、执行国家整体战略，并加大对“保增长、扩内需、调结构”的执行力度，使滨海新区成为全国大型融资租赁公司的集中地，从而产生集聚效应，更快地推动天津北方金融中心的建设，推动天津战略性制造产业的发展。最后，利用滨海新区综合改革、先行先试的政策优势，在滨海新区进行融资租赁增值税的抵扣政策试点；允许融资租赁企业针对指定融资物进行加速折旧；改进售后回租的税收减免等相关配套政策，使天津地区的融资租赁企业在政策扶持上取得先发优势。

(3)积极探索各种融资租赁形式，加速融资租赁业务创新

租赁形式多样化是现代租赁的基本特征。传统融资租赁即直接

购买租赁，是最原始的融资租赁方式，其运行方式是出租人应承租人的要求，用自有资金直接购买指定的设备，并出租给承租人使用，固定期限、固定利率、固定成本、固定每期租金。由于传统的融资租赁具有简单方便、易于操作的特点，因此成为融资租赁的一种主要形式，在融资租赁业的发展初期是最重要的甚至是唯一的租赁形式。但随着融资租赁发展的不断深入，直接购买租赁在融资租赁中所占的比重越来越小。因此，为了适应激烈的竞争环境，在发挥原有融资租赁形式优势的基础上，应积极探索其他融资租赁方式，对融资租赁业务进行创新。一是融资方式创新，就是要实现资金来源的多样化，与银行等金融机构进行融资合作，如杠杆租赁。二是设备来源渠道创新，设备可以由生产设备的厂商供应，也可以由设备的租赁商供应，甚至可以由设备的当前使用人供应等，如转租赁。三是租金支付方式创新。租金不再是固定的等额支付，而是根据承租人的经营状况而定，更多的是与承租人的收益结合起来，如收益百分比租赁。四是租赁期限创新。期限不再固定，而是根据承租人的收益状况，确定大概的租赁期限，直至折现后所有的成本都回收完毕。

(4)加强融资租赁风险的管理

融资租赁业务存在着一定的信用风险、市场风险、金融风险、贸易风险和技术风险，这些风险最终会转嫁给出租人。因此，为减轻融资租赁公司的压力，保障融资租赁公司的利益，提高融资租赁公司的积极性，必须建立和完善风险防范机制。具体而言，一是建立风险控制体系，采取风险预测、风险阶段性预警、风险预防、风险监控、风险锁定和风险化解等一系列措施。二是实施信用层次管理，建立用户信用等级档案，对不同信用级别的用户采取不同的管理措施和风险控制方法。三是借鉴发达国家的经验，建立租赁信用保险制度。由政府设立专项基金，当租赁公司开展的租赁业务符合某些条件时，租赁公司可要求与政府相关部门签订信用保险合同。当承租企业无法继续偿还租金时，租赁公司可以从政府设立的专项基金中获得剩余租金的一定比例作为赔偿金。政府在开展租赁信用保险业务时，应该有选择性地确定提供信用保险的对象，对租赁市场上管理制度完善、业务操作规范、经济效益较好、租赁资产质量较高的租赁公司或者对租赁公司开展的符合国家产业政策的租赁业务优先给予信用保险支持[8]。

3. 舟山群岛新区

3.1 舟山群岛新区概况

舟山群岛新区，是国家一项海洋经济战略决策。作为中国首个群岛新区，2011 年 3 月 14 日，舟山群岛新区正式写入全国十二五规划，规划瞄准新加坡、中国香港等世界一流港口城市，要拉动整个长江流域经济。2011 年 6 月 30 日，国务院正式批准设立浙江舟山群岛新区，舟山群岛新区成为我国继上海浦东、天津滨海、重庆两江新区后又一个国家级新区，也是首个以海洋经济为主题的国家级新区。舟山群岛新区的战略定位为：

浙江海洋经济发展的先导区。充分发挥战略区位重要、海洋资源丰富等综合优势，加快构建现代海洋产业体系，迅速提高海洋经济的综合实力，将舟山群岛新区建设成为浙江省海洋经济开放水平最高、增长质量最好、产业结构最优、发展潜力最大的先导区域，为推动浙江省经济社会发展发挥重大的引领带动作用。

长江三角洲地区经济发展的重要增长极。加快构建国际物流枢纽和大宗商品储运中转加工交易中心，提高港口物流服务和战略物资保障能力；发展壮大港航物流、船舶制造、海洋工程装备、海洋旅游、远洋渔业等优势产业，将舟山群岛新区建设成为拉动长江三角洲地区经济发展的一个重要增长极。

海洋综合开发试验区。在海洋产业结构转型升级、临港工业优化布局、科教人才培育引进、生态环境科学保护、国际合作深化拓展、管理服务能力整合提升等方面大胆创新，建立健全协同高效的体制机制，积极创建海洋综合开发试验区，为全国海洋科学保护利用积累经验。

3.2　舟山群岛新区发展规划

立足综合优势，围绕战略定位，未来10到20年，舟山群岛新区要推进实现五个方面的总体目标：

(1)大宗商品储运中转加工交易中心。将舟山群岛新区建设成为上海国际航运中心的重要组成部分和大宗商品储运中转加工交易中心，全力打造国际物流枢纽岛，进一步提高对国家战略物资供应安全的保障能力。

(2)东部地区重要的海上开放门户。充分发挥舟山港综合保税区的功能、政策优势，集聚国际贸易、金融、航运、科技等方面的人才和资源，将舟山群岛新区打造成为对外开放门户岛，进一步提高我国东部沿海地区的对外开放水平。

(3)重要的现代海洋产业基地。加快汇集产业、资金和人才，建设海洋科技研发和成果转化基地，发展技术领先、产品高端、特色鲜明的海洋产业集群，将舟山群岛新区打造成为海洋产业集聚岛，进一步提高我国海洋产业的总体实力。

(4)海洋海岛综合保护开发示范区。统筹推进资源环境可持续开发利用，在严格保护风景名胜资源和符合风景名胜区规划的前提下，加强海洋旅游综合改革试验区、生态海岛城市建设，将舟山群岛新区打造成为国际生态休闲岛，进一步创新我国海洋海岛综合保护开发的体制机制。

(5)陆海统筹发展先行区。站在全局和战略高度，综合考虑陆海资源配置、基础设施连通、产业项目对接、生态环境统筹等重大事项，推进魅力独具、山海兼胜、人海和谐的城市建设，将舟山群岛新区打造成为海上花园城，进一步探索陆海统筹发展的新路径。

围绕上述总体目标，舟山群岛新区发展的阶段性目标为：

到2015年，大宗商品交易平台、海陆联动集疏运网络、金融和信息支撑系统“三位一体”的港航物流服务体系建设取得重大突破，现代海洋产业体系框架基本形成，产业空间布局更加合理，海洋生态环境保护能力持续加强。海洋生产总值年均增长17%以上。海洋科技创新成果转化体系、城乡一体化制度体系基本形成，教育现代化基本实现。区域性服务功能明显提升，海上开放门户作用明显增强，港口货物年吞吐量达到 4 亿吨以上。

到 2020 年，海洋生产总值年均增长 20%左右，港口货物年吞吐量达到 6 亿吨以上。海洋经济竞争能力和辐射功能显著增强，海洋科技与产业化发展水平全面提升，海洋生态环境进一步改善。全面实现教育现代化，成为全国重要的海洋科技研发和成果转化中心。国际物流枢纽岛、对外开放门户岛、海洋产业聚集岛、国际生态休闲岛和海上花园城建设初具成效。

到 2030 年，开放型经济体系进一步完善，建成国际领先的现代海洋产业体系。人民生活富裕、人海关系和谐，经济社会综合发展水平走在全国前列。基本实现国家对舟山群岛新区发展的战略定位和发展目标。

舟山群岛新区行政规划见图 4。

图 4　舟山群岛新区行政规划图

3.3　舟山群岛新区船舶融资租赁

凭借优越的地理位置和得天独厚的港口资源，航运业在舟山的发展有着良好的基础，是舟山的支柱产业。2003年下半年开始受航运高涨行情的吸引，舟山航运企业普遍扩张过快，面临着巨大的市场风险。特别是2008年世界金融危机爆发，航运货源紧缺，致使运力严重过剩，航运业在2008年下半年陷入深度低迷局势。到2013年初，舟山航运企业已普遍处于亏损状态。由于融资困难，负债率过高，很多企业陷入现金流几近断裂的局面。为了在困境中求生存，在低迷中谋发展，破解融资难题，形成有效的负债经营机制，增强自身的竞争力，舟山航运企业正奋力突围，寻求振兴之路。船舶融资租赁是融资租赁的一种，在国内航运业是一种创新型的融资方式，但在欧美韩等发达国家航运业是较受青睐的融资方式，是仅次于银行贷款的第二大船舶融资渠道。与传统融资渠道相比，船舶融资租赁使资本更便捷地进入航运市场，既能缓解航运企业的融资压力，且操作灵活方便，融资效率较高。

3.3.1　船舶融资租赁的定义

船舶融资租赁是指航运企业向融资租赁公司、信托公司或其他专业金融机构融资租入船舶，按期交纳租金，船舶的所有权不为航运公司所有，通过船舶所有权和使用权分离，以融物的方式达到融资的目的。与银行贷款融资相比，船舶融资租赁通过缴纳租金的方式，可以缓减企业因贷款构建船舶而产生的巨额本息压力，在船舶投入运营的前期，帮助企业实现现金流量的最大化；同时，船舶融资租赁操作方便，针对航运企业目前现金获取能力相对较差而船舶具有高残值的特点，可以采用前低后高的还款模式，设计出符合企业实际偿债能力的租赁方案。

3.3.2　舟山航运业的基本概况

舟山群岛新区地处我国东部黄金海岸线中部，是我国南北航线与长江航线的“T”形交界点，以其独特的区位优势和优越的港口资源，成为我国发展海洋经济的重要试点地区。近几年受高涨行情和积极的航运发展政策的吸引，大量的资金投入航运业。舟山航运业在短短的十多年时间里行业总量不断扩张，运力规模更是翻了数番。截至2013年5月，舟山现有航运企业275家，比2012年底新增27家，营运船舶1588艘，总运力保有量达到505.72万载重吨，其中运力保有量增幅达9.44%，企业平均运力规模2.0074万载重吨。舟山航运业在运力持续增长的同时，运力结构也不断得到优化，船舶大型化、专业化趋势明显。从全市现有1588艘营运船舶来看，平均吨位达3244载重吨，同比增加4.81%。其中万吨级以上船舶124艘，运力271.7701万载重吨，分别同比增加1.64%、7.46%。万吨船所占比重逐渐上升，已占到总运力的52.68%；截至2013年5月初，舟山现有成品油船、化学品船、集装箱船等特种船舶已达530艘，运力114.7302万载重吨，分别同比增加19.91%、23.11%，特种船占到总运力的22.24%，占全省特种船舶运力的一半以上。

经过多年的积累，舟山航运业的发展达到了一定的规模，但仍然存在着不少问题。一方面，舟山航运业的行业总量虽然持续增长，但结构上存在明显缺陷，船舶的大型化、专业化水平与国际国内水平相比还存在较大差距；另一方面，舟山航运企业数量看似庞大，但大多为民营家族企业，企业规模较小，企业管理相对落后，缺乏发展的战略眼光，抗风险能力不强，根本无法与国内、国际大型的航运企业相抗衡。

3.3.3 舟山航运业所处的困境

(1)运力过剩

受金融危机的影响，国际贸易量急剧下滑，导致舟山港进出口贸易总量下降。在货源紧缺的情况下，航运市场的供求关系出现严重的不平衡，运力过剩，运价狂跌，舟山很多航运企业在赔钱运输，一些小航运企业纷纷倒闭。目前航运业的低迷，归根结底是运力严重过剩，而运力过剩背后的深层次原因则是多种因素的叠加效应。一方面2008年之前持续高涨的行情导致航运企业盲目乐观，运力投放严重过剩，2009年和2010年投机抄底资金的进入，让运力过剩的状况进一步恶化；另一方面，经济不景气导致废钢价格低迷，从而使老旧船的拆解动力不足，老旧船的拆解速度跟不上新船投放的速度，使得运力过剩的矛盾无法得到消化，航运业陷入持续低迷状态。

(2)运营成本过高

目前舟山航运企业普遍面临着高成本和低收益的双重夹击。一方面，在全球通胀的背景下，航运企业经营成本不断攀升，包括燃油费、港口使用费、润滑油费、保险费、备件物料费、船舶折旧费、船员工资在内的各项支出持续上涨，使得航运企业的经营成本居高不下；另一方面，供需严重失衡导致航运企业对货源运价失去"议价权"，在成本大幅攀升的情况下，航运价格却跌去2/3，深陷历史低位。面对高成本低收益的双重压力，航运企业的盈利空间被严重挤压，有些甚至亏本经营。

(3)船舶融资困难

航运业作为典型的资金密集型产业，需要巨额的资金投入。2008年世界金融危机爆发后，银行业迅速收紧航运贷款，对于已经处于困境的航运企业可谓雪上加霜。从目前舟山航运企业的实际运营情况来看贷款负担过重、融资渠道单一、融资结构不合理、融资效率低下等各种融资问题成为制约其发展的主要原因。特别是对于舟山很多中小民营航运企业而言，由于企业规模小，资产少，银行贷款信用等级低，民间融资利率成本高，融资问题一直是阻碍企业发展的瓶颈；而对于一些大型航运企业而言，行情的持续低迷导致船舶价格严重偏离船舶的价值，船舶运营收入无法覆盖应付贷款本息，企业出现巨额亏损甚至破产，这种情况下银行等融资机构过度谨慎，要求增加抵押物，甚至一刀切式地收紧信贷，使得这些企业融资难上加难。

3.3.4　船舶融资租赁进入当前航运业的可行性分析

国际国内航运市场的持续低迷使舟山航运企业经历了一轮洗牌，但也给舟山航运业的发展带来了机遇，是舟山航运产业结构调整、企业转型升级的难得契机。国家政策的扶持是舟山航运业发展的又一机遇。全国海洋经济发展"十二五"规划明确指出要在浙江舟山群岛新区大力发展现代航运服务业，建设航运服务集聚区，从国家层面对舟山航运业的发展予以大力支持；2013年1月国务院正式批复的《浙江舟山群岛新区发展规划》明确指出要在舟山群岛新区建设大宗商品交易平台、海陆联动集疏运网络、金融和信息支撑系统“三位一体”的港航物流服务体系，打造国际物流枢纽中心。

实现这一战略规划势必要振兴和发展舟山航运业。随着国家进一步调整经济结构，舟山航运企业应把握当前船价低谷，适时出击，调整结构，淘汰落后运力，加紧发展大型化、专业化船队，加快实现企业的转型升级。

(1)从航运业的周期性特征和目前的市场状况分析

航运业是世界及区域经济的晴雨表，有着明显的周期性。当前航运市场的困境，是航运业周期性发展的必然。随着运力供求关系的调整和世界经济的复苏，航运的低迷不可能一直持续，航运市场的反弹和反转一定会在未来两到三年内发生。实力雄厚的航运公司具有较强的市场竞争力和抗风险能力，只要能够支撑住未来一到两年的困难期，必将迎来新的行情支撑公司的继续发展；中小民营航运企业的处境十分困难，但其企业领导一般长期从事航运业，其公司的从业人员经验丰富，企业的管理成本相对较低，并具有稳定的客户群，只要获得有力的支撑，在这一轮市场洗牌中不被淘汰，未来一定能够获得发展。正是基于周期性发展观和对航运经济向好的信心，融资租赁机构应积极把握当前航运业危机所带来的机遇，通过对融资项目进行客观评估，积极推动航运业尽快走出低迷。

(2)从船舶目前的价格分析

造船市场和航运市场一样具有周期性波动的突出特点。新船合同价和运费费率时常会出现大幅升降，所以船舶订购时机的合理选择对于航运企业获得投资效益来说十分重要。船舶新造或购买时机选择不当，船东往往会遭遇巨额的投资损失。航运企业应选择在船价已进入谷底并即将上涨，航运市场低迷但中长期趋势看好的情况下，筹集资金，适时出击，更换或巩固现有船队，实现船队的扩张和升级。2008 年金融危机爆发后，航运市场大跌直接影响到造船市场，2012 年新船价格跌至 2004 年水平。2012 年末，油船、散货船和集装箱船新船价格指数同比降幅分别高达

5.77%、8.46%和19.78%，船价为13年来历史最低。2013年1月，新造船价格与2012年末基本持平。至2013年6月，新造船价格虽有小幅上涨，但仍在低位徘徊；同新造船价格一样，二手船价格在2008年世界金融危机爆发后迅速下滑，在两个月内下跌了44%，并在随后的几年里一跌再跌。至2013年6月，二手船价格仍在低谷振荡。

在这种市场状况下，船价是否还有下跌空间，是否应该开始进入航运业抄底，是船东、银行、融资租赁机构所关注的问题。当前船价已经处于历史低位，船舶资产的价格泡沫已被挤净，船价即便有所下跌其下跌空间也是极为有限，因此，在这一时机投资航运业的相对风险系数是减小了的。融资租赁机构应审时度势，理性参与航运市场。

(3)从航运业细分市场的差异性分析

在航运危机面前，运营不同航线、不同船型的航运企业其市场表现也不尽相同。融资租赁机构面对航运融资不能一刀切盲目拒绝，而应差别化对待航运业细分市场。以油运市场为例，UL/VLCC(巨型原油轮/超巨型原油轮)作为大型油轮，以其船舶大型化、专业化、现代化的特点在油运市场上占据不容忽视的地位。在市场大行情中，船舶自身的特点所体现的规模效应会为企业带来巨大的收益。

在2008年7月，航运市场炙手可热时期，该船型的期租运价指数达到当年的最高点9万美元/日，运营大型船舶的航运公司在这波行情的推动下实现了巨额的经济收益；但在市场行情较差、货源不充足的情况下，大型化船舶的优点则成了制约其经济效益提高的缺点。这种大型化船舶对于港口的要求高，受航道限制较多，若不能满载则经济效益低下，如若空载甚至停运，其相应的维护费用也让企业不堪重负。从2008年9月开始，受金融危机影响，这类大型船舶的期租运价指数开始迅速下滑，从最高点的9万美元/日到2012年跌至不足2万美元/日，直接导致很多企业出现亏损。而灵便型油轮，一般载重量在2万~5万吨，载重吨位小，在市场大行情中，相比大型油轮，无法体现出规模化效应。但其受航道限制少，航线选择多，停靠方便、运转灵活、具有较强的市场适应性。在金融危机的影响下，超大型船舶出现经营亏损时，灵便型船舶却有了很好的发展空间。在这一轮的市场危机中，灵便型船舶运费指数在2008年较高，2009年受市场影响下降明显，但从2010年到2012年运费指数变化不大，近乎持平。不同船型、不同航线的运营船舶在这一轮航运危机中表现出的不同状态值得航运企业、金融机构及其他各产业相关部门思考[9]。

3.3.5 融资租赁助推舟山航运业发展的对策和建议

(1)健全有关船舶融资租赁的法律法规。船舶融资租赁在我国起步较晚，相应的法律法规并不健全，特别是船舶作为标的物的特殊性存在很多法律盲点，亟待相关法律法规的完善，以保障融资租赁机构和承租人的正当权益。

(2)建立有效的船舶融资项目评估体系。面对航运企业的船舶融资，融资租赁机构在评估船舶价格时必须建立一套完整的评估体系，从而避免对船价的认定产生过大的偏差。

(3)加强船舶融资租赁专业化人才的培养。融资租赁机构要培养专业化的人才，充分调研航运市场，了解各细分航运市场的特性和发展规律，关注行业发展的新动态，熟悉包括航运企业、造船企业、船舶管理公司、保险公司等在内的各方关系，从而提高我国融资租赁的专业化程度。

(4)加大对船舶融资租赁业务的宣传。船舶融资租赁凭借自身的优势可以帮助航运企业特别是中小型航运企业解决融资难题。但目前，舟山各航运企业对于船舶融资租赁这一创新型的融资方式还比较陌生。融资租赁机构应积极地普及船舶融资租赁知识，拓宽船舶融资租赁的范畴，根据融资对象的需求不断开发新的融资租赁方式，以实现船舶融资租赁机构和承租人的收益双赢。

舟山航运企业更应该在困境中把握机遇，积极拓宽融资渠道，创新融资方法，淘汰落后老旧船舶，巩固发展现有船队，实现全市航运业的转型升级。届时随着舟山群岛新区发展规划的进一步落实，舟山在航运中的区位优势将更加凸显，舟山的航运业也将随新区建设和世界经济的发展而更上一层楼。

3.4　舟山群岛新区发展中存在的税收问题

(1)政策支持力度不足

与上海浦东新区、天津滨海新区、重庆两江新区等区域相比，舟山群岛新区的税收优惠政策最小。同时，海南岛实行购物离境退税和离岛免税政策；上海、青岛、武汉等城市实行启运港退税政策；义乌市实行市场采购贸易方式出口货物免征增值税等。舟山群岛新区急切盼望出台类似的税收优惠政策。

(2)税收利益保障不足

一是石油储备项目税收贡献较小。舟山国家战略石油储备基地占用了岙山岛上最好的深水岸线资源，但是因为其属于服务国家经济安全战略的需求，没有任何销售行为，也没有税收的产生。类似项目近年来对舟山群岛新区的税收贡献微乎其微。二是中央对舟山群岛新区税收返还较少。主要按照国税部门所征收的“两税”来确定，并不包括海关所代征的“两税”，这就使舟山群岛新区财权与事权严重脱节。三是部分大项目占用资源与税收收入不匹配。洋山保税港区在成立后由上海方面实行代征，对舟山的税收利益采取“箱量法”(按每个集装箱综合收益13.1元人民币乘以当年的集装箱吞吐量计算)的方式予以分配，限制了税收利益长期发展的空间。另外一些大项目没有在舟山本地注册，或实行总机构汇总纳税，舟山群岛新区没有相应的企业所得税收入。如：马迹山铁矿砂中转储运项目、册子石油中转储运项目、武钢码头中转储运项目等。

(3)税收政策创新不足

一是对海洋临港工业缺乏扶持性的税收政策支持。在船舶修造业、海洋装备制造业进入了增速减缓期、结构调整期和优势重构攻坚期叠加的新阶段下，税收扶持力度不够。

二是对海洋旅游业缺乏导向性的税收政策支持。舟山群岛新区依靠佛教文化、海洋海岛等国内独一无二的人文资源和自然资源，每年吸引大批游客观光游览，但旅游商品收入非常少，既没有批准设立免税商店，也没有实行离境退税和离岛免税的税收优惠政策，一定程度上限制了海洋旅游产业的进一步发展。

三是对海洋新能源产业缺乏鼓励性的税收政策支持。对海上风电项目的税收政策不明确，对海水淡化的税收优惠政策还是空白。同样，在潮汐能发电方面，由于技术难度大，前期投入高，成本高出普通发电50%左右，在产业培育期迫切需要得到税收优惠政策的支持。

(4)税收治理方式不足

一是省级税收管理权限没有下放到位，与规划赋予舟山群岛新区的省级经济管理权限不匹配。

二是对"营改增"改革后出现的问题缺乏解决措施，由于挂靠经营的单船无法取得水路运输许可证，因此无法取得营业执照。所以单船纳税人无法取得一般纳税人资格，不能开具17%的增值税专用发票，一定程度上限制了这部分纳税人的经营范围。

三是对大宗商品交易中心的税收征管缺乏有效治理手段。由于大宗商品交易中心的企业不需要固定的经营地，经营人主要通过大宗商品交易中心提供的在线交易、资金结算、物流配送、金融配套、纠纷调解等各类服务来完成日常经营，存在"票、款、物"不一致的现象。2013 年舟山大宗商品交易中心完成电子交易额7040. 5 亿元，其中商品即期就有 7030. 84 亿元，现货挂牌仅为 9. 5 亿元，真正实现现货竞买的只有 0. 16 亿元。税收征管上缺少有效的监管手段。

3.5 促进舟山群岛新区发展的税收政策建议

促进舟山群岛新区发展，离不开一个公平、高效、创新的税收环境。针对当前舟山群岛新区发展中面临的税收问题，建议按照舟山群岛新区"开发开放、先行先试"的总要求，在税收层面上大胆探索、大胆改革、大胆创新，保持和放大舟山群岛新区的特有优势。

(1)有针对性地支持舟山群岛新区发展，发挥税收调控职能，增强舟山群岛新区发展动力

一是赋予舟山群岛新区海洋新兴产业 15%的企业所得税优惠

政策。舟山承担舟山群岛新区和浙江海洋经济发展示范区“两大国家战略”的使命，其建设和发展直接关系到国家宏观战略的实现。因此，舟山群岛新区理应享有深圳前海、珠海横琴、福建平潭等其他地区已经享受的产业税收优惠政策待遇。目前最重要的是根据舟山群岛新区海洋战略性新兴产业发展的实际，尽快制定《海洋新兴产业准入目录》，将海洋工程装备制造、海洋生物医药、海洋新能源、海洋电子信息产业、海洋旅游、海洋物流等海洋新兴产业纳入舟山群岛新区鼓励发展的目录，并对目录内的海洋新兴产业均实行15%的企业所得税优惠政策。

二是对舟山群岛新区的基础要素保障实施针对性的税收优惠政策。在投资的保障上，针对海洋经济投资大、风险高的特点，可设立投资风险准备金，在缴纳企业所得税时允许税前扣除。同时对舟山群岛新区基础建设的投资实行“五免五减半”的企业所得税优惠，以吸引各路资本对舟山群岛新区重大基础设施的投资。在土地的保障上，针对舟山群岛新区土地紧张、审批权小的特点，对舟山群岛新区的土地使用税征收可参照大城市的标准适当提高，并将土地使用税减免的权限下放到各市、县(区)，使各级政府在土地调控中更有主动性。在人才的保障上，针对舟山群岛新区人才紧缺、引进困难的特点，对在舟山群岛新区工作的技术人才，在技术成果和服务方面的收入可比照稿酬所得，实行应纳所得税额减征的办法，并适当扩大科研人员技术成果奖励的个人所得税的免税范围。另外对注册在舟山群岛新区内的海员，个人所得税扣除标准可按远洋船员标准执行。

(2)有倾向性地肯定舟山战略贡献，落实税收利益保障，壮大舟山群岛新区发展实力

一是增强中央对舟山的税收返还力度。由于舟山海关代征的“两税”远远大于舟山国税征收的“两税”，因此中央对舟山群岛新区税收返还只是以国税部门征收的“两税”为基数，对舟山群岛新区这种独特的税收结构显然是不公平的。我们建议中央对舟山群岛新区的税收返还要按“税收来源地”来确定，即中央对舟山群岛新区的税收返还探索实行以总的“两税”(国税征收“两税”+海关代征

“两税”)为基数。只有舟山群岛新区财政实力提高了，才能更好更快地发展，从而促进舟山对中央级税收的贡献越来越多。另外，考虑舟山对战略石油储备作出的突出贡献，建议中央加大对舟山群岛新区的专项转移支付力度，增列大宗战略储备物资专项补助资金每年5亿~10亿元。

二是合理合法地提高大项目对舟山群岛新区的税收贡献。对于洋山保税港区在浙江省地税局与上海方签订的委托征管协议到期以后，应该重新商定税收利益分配办法。鉴于2012年以来国家全面实施了“营改增”改革，在改革后应由浙江省国税局、浙江省地税局一起同上海方商量对洋山保税港区的征管办法。由于目前浙江、上海两方协调机制不畅，建议由规划所确立的舟山群岛新区省部级联席会议制度来统筹推进，以尽早实现洋山保税港区实行“收支法”的税收分配方案，以充分保障舟山群岛新区的税收利益。

(3)有导向性地服务海洋经济发展，撬动税收杠杆作用，激发舟山群岛新区发展活力

一是要积极支持海洋临港工业发展。在船舶修造业方面，对生产液化气船、海工产品、豪华邮轮和汽车运输船等高技术产品的企业，要放宽对该行业高新技术企业认定的条件，让更多企业享受15%的企业所得税优惠政策。同时为了体现振兴船舶修造业的产业导向，建议对舟山群岛新区船舶修造实行“五免五减半”的企业所得税优惠政策。

二是积极支持海洋旅游业发展。在普陀山、朱家尖等舟山风景名胜区探索建立免税商店，并实行海南国际旅游岛所享受的离境退税和离岛免税政策。同时要加强对旅游产业转型升级的引导支持。对开发新业态旅游产品的企业，可以实行营业税先征后退50%的税收优惠政策，并实行“三免三减半”的企业所得税优惠政策。

三是积极支持海洋新能源产业发展。建议对陆上风电项目增值税优惠政策由即征即退50%，进一步扩大为对海上风电项目超过3%的税负部分予以退还，并实行企业所得税“五免五减半”的优惠

政策。建议对海水淡化企业实行增值税即征即退政策，即征即退的期限以十年为期，前五年增值税退100%，后五年增值税退50%，并对海水淡化企业的所得税实行免征。在潮汐能发电方面，建议实行增值税即征即退100%，并免征企业所得税。

（4）有前瞻性地推动舟山深化改革，创新税收治理方式，提升舟山群岛新区发展能力

一是赋予舟山群岛新区省级税收管理权限。要根据舟山群岛新区规划设置的要求赋予舟山群岛新区省级税收管理权限，尽快将税款缓缴审批、农产品定额扣除办法的确定、发票印刷厂的招标设立等部分省级税收管理权限及时下放给舟山群岛新区，通过简政放权加快审批，这对舟山群岛新区加快建设步伐很有好处。同时应该积极研究探索并逐步建立与舟山群岛新区开发开放功能和发展空间布局相适应的税收管理体制，建立健全统一协调、结构扁平、机构精简、功能清晰、运转高效的税收工作体制。

二是多方联动积极解决"营改增"改革中出现的问题。建议从舟山群岛新区的实际出发，按照先行先试的总要求，由政府出面协调交通、工商、质监等部门，对现有的规定作一些必要的变通，对拥有单船的海运经营者在颁发临时性的《水路运输许可证》、《营业执照》、《组织机构代码证》等资格证书方面进行创新试验，然后税务部门及时跟进，对拥有上述临时性证书的纳税人及时认定为增值税一般纳税人，以妥善解决转产转业渔民经营单船的生计问题。

三是为大宗商品交易中心加快发展提供税收支持。在《税收征管法》及其实施细则中增加电子商务企业税务登记的规定。同时要积极进行电子商务环境下增值税管理办法的创新。对原来的增值税一般纳税人管理办法和增值税发票管理办法加快进行修订，使其既符合通过电子交易平台经营的纳税人的需要，又在有效防范执法风险的前提下，最大限度地扩展舟山大宗商品交易的发展空间。另外，要进一步加强对跨境贸易电子商务业务的支持。舟山群岛新区日前已获得商务部的批复，进行跨境贸易电子商务业务试点。对从事跨境贸易电子商务业务的企业，要免征其财政补助的企业所

得税。

4. 融资租赁在试点“营改增”中面临的问题及建议

本章主要介绍了上海浦东新区、天津滨海新区以及舟山群岛新区在“营改增”、融资租赁方面的制度创新。

2012年7月25日，国务院决定自2012年8月1日起至年底，将交通运输业和部分现代服务业营业税改征增值税试点范围，由上海市分批扩大至北京、天津等10个省(直辖市、计划单列市)。其中，有形动产租赁服务行业是六个试点现代服务业之一。天津滨海新区融资租赁行业在全国具有很强的示范效应，截至2012年末，新区共有融资租赁企业110多家，融资合同金额超过3000亿元。但在具体施行中，融资租赁企业仍存在实际税负降幅不明显、纳税不均衡、缺乏相关政策的实施细则、部分业务操作存在难度等问题，急需关注解决。

4.1 “营改增”试点融资租赁行业税收政策概述

按照相关规定，自2012年12月1日起，天津市融资租赁行业纳入“营改增”试点范围，适用税率17%。同时，经中国人民银行、银监会、商务部批准经营融资租赁业务的试点纳税人中的一般纳税人提供有形动产融资租赁服务，对其增值税实际税负超过3%的部分实行增值税即征即退政策。纳税人提供应税服务，按照国家有关营业税政策规定差额征收营业税的，允许其以取得的全部价款和价外费用，扣除支付给非试点纳税人价款后的余额为销售额，其中，允许扣除价款的项目，应当符合国家有关营业税差额征税政策规定。

本次营改增，在税基、税率及优惠政策等方面与缴纳营业税时都存在一定的差异(见表5)。

表 5　　　　　　　**“营改增”前后税收政策比较**

项　目	营 业 税	改征增值税
课征范围	有形动产租赁服务	有形动产租赁服务
税率	5%	17%
计税依据	租赁收入减去利息支出	允许其以取得的全部价款和价外费用，扣除支付给非试点纳税人税价后的余款为销售额，计算缴纳增值税
税收优惠政策	—	增值税实际税负超过 3%的部分实行即征即退政策

4.2　面临的问题

调查显示，融资租赁公司普遍认为天津成为“营改增”试点地区，对规范纳税环境、减少重复征税、减轻企业负担具有积极影响，但执行中融资租赁行业也面临一些实际困难。

(1)实际降负不明显

据了解，“营改增”后，融资租赁公司执行的增值税税率高于原执行的 5%的营业税率，且实际执行过程中很难享受“实际税负超过 3%的部分增值税即征即退”政策，融资租赁公司流转税降负并不明显。假设新区内某融资租赁公司应甲公司要求于 2012 年 12 月 1 日购入 A 型机器设备，取得增值税专用发票注明价款 500 万元，增值税 85 万元，支付运输费、保险费等费用 2 万元，款项一次性支付。同时该融资租赁公司与甲公司(均为一般纳税人)签订租赁合同，将 A 型机器设备租赁给甲公司，租赁期为 2012 年 12 月 1 日至 2016 年 12 月 1 日，每半年等额支付租金 100 万元。A 型生产设备为全新设备，预计可使用寿命为 5 年。承租方向融资租赁公司一次性支付手续费为租金总额的 5%，双方约定融资租赁公司在每次收到租金时向甲公司开具增值税专用发票。按照《财政部　国家税务总局关于交通运输业和部分现代服务业营业税改征增值税试点应税服务范围等若干税收政策的补充通知》规定，增值税实际税负是指纳税人当期实际缴纳的增值税税额占纳税人当期提供应税服务取得的全部价款和价外费用的比例，因此计算得出该融资租赁公司增值税实际税负 = 9.2625/840/4 × 100% = 0.28% < 3%，故该公司不能享受优惠政策，实际交纳的增值税及附加为 10.4666 万元，比试点前多纳税 6.893 万元。由此可见，该公司的实际税负较(营改增)之前是增加了。此外，“即征即退”政策在实际操作中审批手续较为复杂，周期较长，降低了融资租赁公司的资金运转效率，一定程度上影响了融资租赁公司的发展。

(2)影响纳税均衡

目前，大部分融资租赁公司是以资金池的方式统筹管理和安排资金，无法做到融资项目与租赁项目的一一匹配，也就很难做到利息支出在计算缴纳营业税项目和增值税项目之间的准确划分，且利息支出往往按季度发生，租赁企业难以按月利息单或其他有效凭证扣除，造成纳税不均衡。同时，天津现阶段只允许融资租赁公司采取按收款期分期开具租金全额发票的方式，此项限制在实际操作过程中一方面使大量进项税额滞留在租赁公司，造成税负长时间不平衡，影响税源的稳定；另一方面限制了一些承租人的实际需求，使承租人因无法一次性获得进项税款用于抵扣而不得不选取贷款方式购买设备，影响了融资租赁行业的发展。

(3)缺乏相关政策的实施细则

按照《天津市财政局、天津市国家税务局、天津市地方税务局关于我市交通运输业和部分现代服务业营业税改征增值税试点过渡政策的通知》规定：“在试点初期，对试点企业按照增值税规定和税收优惠过渡政策缴纳的增值税，比按照原营业税规定和税收优惠政策计算的营业税有所增加的，给予适当的财政资金扶持。”但并没有相关的实施细则对文件中提及的“试点初期”和“适当的财政资金扶持”给出明确的解释和执行标准，导致政策落实不到位，影响了融资租赁企业开展业务的积极性。

4.3　相关对策建议

(1)合理确定融资租赁公司的税负计算基数

建议充分考虑融资租赁公司的成本负担，以销售净额为基数计算实际税负。仍以前述案例为例，假设以销售净额为基数计算实际税负，可以得出该租赁公司的实际税负=9.2625/[(875-587)/4]×100%=14.64%>3%，按照规定就可以享受增值税税负超过3%部分即征即退的政策，应退还增值税为[9.2625-(840-587)/4×3%]=7.365(万元)，实际交纳的增值税及附加为3.1016万元，比试点前交纳的营业税及附加3.5736万元少交了0.472万元，流转税税负略有降低。这样既可以均衡企业税负，激发企业活力，又达到了结构性减税的效果。

(2)尽快出台“营改增”相关制度的实施细则

一是明确售后回租业务增值税专用发票的开具方式，建议只对租金中扣除本金部分的租息开具增值税专用发票，而本金部分只开具收据。或者，将售后回租拆分成两项交易，在出售和租回两个环节分别计征固定资产原值增值税；二是明确进口租赁业务增值税专用发票的开具方式。如果业务形式属于融资租赁，可参照售后回租业务只对租金中扣除本金部分的租息开具增值税专用发票，而本金部分只开具收据。如果属于经营租赁业务，建议以租赁资产折旧和利息支出作为抵减项，从租金收入中扣除后计算增值税；三是明确应收租赁款卖断式转让后其融资成本的抵扣方式或扣除方式；四是明确政策扶持的具体条件和标准，并将其落到实处，切实起到扶持和推动融资租赁业务开展的作用。

(3)创新融资租赁业务增值税专用发票的开具模式和管理方式

一是在销售时一次性开具租赁成本部分增值税发票，以后按期开具租息部分的发票；二是按收款期分期开具租金全额增值税发票。租赁公司可根据业务合同选择其中一种开具模式，一旦确定，在合同执行期内不得更改。同时为了降低租赁公司运营成本，激发企业活力，可以在以上增值税模式下采用集约管理的方法。将注册在同一地区的单一项目公司通过“系统税控机”方式实现集中开票，不受单一项目公司主体的限制。为保证各期缴款金额稳定且方便征收机关管理与稽查，对于利息支出的合理划分，建议以租赁收入占比来划分增值税租赁业务融资成本进行税前扣除。同时按照责权发生制原则确认每月利息支出，并以银行出具的回单为辅助查验凭证。

(4)简化审批手续，提高业务处理效率

为缓解租赁公司由于税负增加带来的资金压力，建议财税部门简化退税及财政补贴资金的审批程序，缩短到账时间。同时，加大对退拨政策及业务办理流程的宣传与培训力度，使融资租赁企业及时了解政策内容，准确提供申报材料，提高企业申报效率，并充分利用国库系统资源优势，实现退拨业务高效处理，资金实时到账。

第四章 自贸区会计新制度探索

设立自贸区，标志着我国改革开放迈入新的时期。自贸区建设既是转变政府职能、促进与国际市场接轨的重要载体，也是地方政府用足用好政策，不断释放改革活力，加快新一轮发展的重要平台。

1. 上海自贸区

1.1 上海自贸区概述

中国(上海)自由贸易试验区，是中国政府设立在上海的区域性自由贸易园区，属中国自由贸易区范畴。该试验区于2013年8月22日经国务院正式批准设立，于9月29日上午10时正式挂牌开张。2014年12月，上海自贸区由原先的28.78平方公里扩至120.72平方公里。

范围涵盖上海市外高桥保税区(核心)、外高桥保税物流园区、洋山保税港区和上海浦东机场综合保税区等4个海关特殊监管区域及金桥开发片区、张江高科技片区和陆家嘴金融片区。

上海自贸试验区正在制订新的产业规划和形态规划，以国际贸易、金融服务、航运服务、专业服务和高端制造五大产业为导向，进一步提升区内服务业比重，加快传统产业转型升级，深化在功能创新拓展、产业转型升级、资源要素配置等方面的试点，形成与上海“四个中心”建设的联动机制。

在贸易中心建设方面，自贸试验区要成为上海贸易中心建设的重要平台。一是搭建贸易平台，包括建设面向国际、服务国内的大宗商品交易平台，做大做强保税展示交易平台，加快对外贸易文化基地建设，建立跨境电子商务服务平台。二是打造总部经济，推进亚太营运商计划，大力发展整合贸易、物流、结算功能、实体运作的亚太地区总部。同时，搭建境外投资管理平台，打造中国跨国公司的“走出去”基地。三是发展新型贸易，促进跨境维修、国际检测、信息服务、离岸服务外包等服务贸易、离岸贸易新型业态发展。

在金融中心建设方面，自贸试验区要成为上海金融中心建设的重要突破口。当前的推进重点，一是建设面向国际的多层次金融市场交易平台，支持国际能源交易中心尽快开展业务，推动中国外汇交易中心、金融期货交易所、上海黄金交易所、股交中心等金融服务平台在区内设立交易场所和开展产品交易，形成试验区多层次的金融市场体系。二是增强服务实体经济的能力。鼓励企业开展对外直接投资，支持境内股权投资企业开展境外投资，争取通过债权、股权、资产证券化等多种方式拓展企业融资渠道，促进投融资便利化。同时探索在扩大人民币跨境使用、推动外汇管理方式转变等方面先行先试。三是深化拓展融资租赁、期货保税交割等金融服务功能。四是探索对民营资本、民营银行的准入开放。

在航运中心建设方面，自贸试验区要成为上海航运中心建设的重要载体。一是推动上海国际枢纽港建设，探索国际中转和国际中转集拼业务发展，推动扩大启运港退税试点范围，促进上海港和浦东机场进一步提升中转比例，优化集疏运结构。二是发展航运服务业，培育航运金融、国际船舶运输、国际船舶管理、国际航运经纪等产业，推动落实国际船舶登记政策，吸引航运产业链高端环节和新型业态集聚。同时，自贸试验区还要积极推动科技创新和战略性新兴产业发展，成为上海转型发展的重要支撑。在科技创新方面，依托自贸试验区进口研发设备、研发耗材免税政策，积极发展创新型研发中心和技术服务中心，开展产品设计、生产研发、技术创新等业务活动。在战略性新兴产业方面，通过探索经营总部加生产型分支机构的做法，并落实选择性纳税政策，实现高端制造企业的区内外联动，吸引一批战略性新兴产业项目落户发展。

1.2　上海自贸区税收政策

党的十八届三中全会在关于构建开放型经济新体制的论述中强调："建立中国上海自由贸易试验区是党中央在新形势下推进改革开放的重大举措，要切实建设好、管理好，为全面深化改革和扩大开放探索新途径、积累新经验。"从上述三中全会决定精神，结合《中国(上海)自由贸易试验区总体方案》(以下简称《方案》)不难发现，我国建立上海自由贸易区主要是通过法制、管制、税制三大制度改革创新，来促进贸易、金融、投资三大领域开放，从而为全面深化改革和扩大开放探索新途径、积累新经验。

1.2.1　自贸区税收政策分析

自贸区的有关税收政策可分为促进投资的税收政策和促进贸易的税收政策两大类。

(1)促进投资的税收政策

主要是递延纳税政策，将当期应纳所得税推迟为分5年缴纳，以帮助解决在权责发生制的税收制度下，进行投资重组或股权激励时企业或个人股东的现金压力。

对注册在试验区内企业或个人股东，因非货币性资产对外投资等资产重组行为而产生资产评估增值部分，可在不超过5年期限内，分期缴纳所得税，享受递延纳税待遇。

对试验区内企业以股份或出资比例等股权形式给予企业高端人才和紧缺人才奖励，实行已在中关村等地区试点的股权激励个人所得税分期纳税政策。根据该项政策，对试验区内企业高端人才和紧缺人才获得的股权形式奖励，可分期缴纳个人所得税，最长不得超过5年。

(2)促进贸易的税收政策

包括部分融资租赁项目税收优惠政策以及原有综合保税区延伸税收优惠政策。

部分融资租赁项目税收优惠政策。一是将试验区内注册的融资租赁企业或金融租赁公司在试验区内设立的项目子公司纳入融资租赁出口退税试点范围。二是对试验区内注册的国内租赁公司或租赁公司设立的项目子公司，经国家有关部门批准从境外购买空载重量在25吨以上并租赁给国内航空公司使用的飞机，可享受进口环节增值税低税率优惠政策。上述两项政策有利于减轻试验区内企业融资租赁税收负担，促进跨境融资租赁业务发展。

综合保税区延伸税收优惠政策。一是对设在试验区内企业生产、加工并销往内地的货物照章征收进口环节增值税、消费税，对内销货物按其对应进口料件或按实际报验状态征收关税。二是对试验区内生产企业和生产性服务业企业进口所需的机器、设备等货物予以免税，但生活性服务业等企业进口的货物以及法律、行政法规和相关规定明确不予免税的货物除外。

1.2.2　自贸区税收政策评价

针对自贸区投资、金融、服务开放的上述税收政策一经发布，在社会上反响强烈，引起不小争议，主要是现实政策与政策预期存在较大反差。因此，有必要对自贸区税收政策作出客观理性的分析评价。

(1)意料之外、情理之中

应该说出台上述自贸区税收政策既在意料之外，又在情理之中。意料之外，是由于出台的税收政策强度远低于预期。根据有关信息，在上海报送方案中的税收政策主要包括：参照国际上一些地区实行税收优惠的做法，形成更具国际竞争力的税收政策，支持上海自贸区在税制改革中试点；具有国际竞争力的税收政策核心是借鉴深圳前海深港现代服务业合作区对先进性服务业减按15%税率征收企业所得税以及对区内融资租赁企业项目子公司满足条件的融资租赁出口货物，实行出口退税政策。但现实情况是，《方案》没有预期的符合条件企业减按15%税率征收企业所得税的优惠政策，不但与具有国际竞争力的税收区域政策相去甚远，与深圳前海政策也存在一定差距。情理之中，出台的自贸区税收政策符合当前国家的宏观调控方向。一是党的十八届三中全会提出，要按照统一税制、公平税负、促进公平竞争的原则，加强对税收优惠特别是区域税收优惠政策的规范管理。财政部部长楼继伟明确表示，区域发展规划应与税收优惠政策脱钩，今后原则上不再出台新的区域税收优惠政策。二是所得税优惠不属于多边或者双边贸易谈判的内容，在自贸区内实行税收优惠容易造成政策洼地，不符合自贸区内改革的初衷，税收政策定位符合上海自贸区注重经验的可复制、可推广，更强调制度创新而非政策优惠。

(2)沿用原有政策，新政不多

仔细分析《方案》中有关税收政策，会发现虽然新的政策不多，但由于保留了现有保税区政策，所以实际综合税收政策不少。自贸区是从保税区脱胎而来，现有货物贸易税收政策依然保留，这些政策包括：免税缓税政策。包括：货物可以在保税区与境外之间自由出入，免征关税和进口环节税；区内企业进口自用设备、办公用品、生产用原材料、零部件等免征关税、进口环节增值税；进口产品进境备案，内销产品进关完税；对注册在洋山保税港区内的企业从事国际航运、货物运输、仓储、装卸搬运、国际航运保险业务取得的收入，免征营业税。出口退税政策。包括：在外高桥保税区国内货物装船离岸出口，办理退税；在洋山保税港区、外高桥保税物流园区、浦东机场综合保税区货物入区视同出口，办理退税；从国内其他港口启运经洋山保税港区中转的货物，在离开启运地时即可办理退税。保税加工政策。对境外运入区内的企业加工出口所需的原材料、零部件、元器件、包装物件、转口货物以及区内存储货物实行保税。加工产品内销按照进口原材料、零部件征收关税和进口环节增值税。即征即退政策。对注册在洋山保税港区的航运企业从事海上航运、仓储、物流等服务取得的收入免征营业税。服务业"营改增"后，规定凡注册在洋山保税港区内的试点纳税人，对提供国内货运、仓储、装卸等服务和安置残疾人的企业，实行增值税即征即退优惠政策。

1.2.3　自贸区税收政策探索

从现有的自贸区税收政策来看，应该说主要是对现有政策的移植。自贸区面对投资、金融、服务三大开放，不但要有税收政策制度延续和继承，也需要进行税收政策制度创新。为适应自贸区由货物贸易向服务贸易以及传统服务贸易向新兴服务贸易转型发展，

《方案》也在积极探索拓展自贸区新兴服务税收政策，提出在符合税制改革方向和国际惯例以及不导致利润转移和税基侵蚀的前提下，积极研究完善税收政策。一是要适应境外股权投资税收政策，主要是适用优惠税率的所得税政策。二是要适应离岸业务发展税收政策，主要是实行免税的流转税政策。虽然上述两方面政策还没有具体内容，但政策导向十分明确：一是自贸区将根据改革开放发展需要，积极探索适应新兴投资、金融、服务的税收政策；二是政策要符合税制改革方向，采取先行先试的办法，要可复制、可推广；三是要吸收和借鉴国际经验，符合国际惯例；四是保障国家税收权益，避免税基侵蚀，税收流失；五是重点政策指向国际投资和离岸服务。要促进自贸区改革开放，仅有上述两条探索政策是不够的，需要进一步从自贸区定位、自贸区功能和自贸区创新来探讨自贸区税收政策[11]。

(1)自贸区定位。自贸区税收政策原则首先取决于自贸区定位，自贸区定位分为保税区、开发区、综合试验区三种。如果定位在保税区，应该是以境内关外为主要特征，免征关税和国内商品税的特定区域。但由于传统保税区主要是针对货物贸易，而自由贸易区主要是针对服务贸易，所以需要针对服务贸易制定境内关外税收政策。如果定位在开发区，应该是以特定区域实行低税率的所得税政策为主。如果定位在综合试验区，应该是兼有保税区和开发区双重身份，对我国税收政策制度进行先行先试改革。

(2)自贸区功能。我国自贸区的功能主要是为全面深化改革和扩大开放探索新途径、积累新经验，通过自贸区先行先试，形成可复制、可推广的制度。因此，自贸区应有其符合改革开放要求，体现其本身功能定位和特定地位的税收政策。

(3)自贸区创新。自贸区作为新一轮改革开放试验区，主要是投资、金融和服务贸易开放，而三大领域的开放形式、开放范围、开放程度影响并决定着税收政策制度。

一方面，三大领域开放倒逼税收制度创新；另一方面，通过税收制度创新来适应和促进三大领域开放。税收制度创新并不是维持现有制度，而是要改革旧制度、创造新制度。税收优惠往往也是制度创新的一种方式，只是如何将特惠制经过先行先试变成普惠制，从而实现税收制度的创新，需要进一步研究探索。

1.3　上海自贸区融资租赁发展的现状

上海自贸区是在上海综合保税区基础上建立的，而上海综合保税区融资租赁业务于2010年启动并创造了在业务模式、项目引进、产业配套等方面的一个又一个的“全国第一”。交银太平洋船舶SPV融资租赁项目是我国境内SPV第一单试点运作人民币跨境交易的方式，开创了一种全新的商业模式。洋山保税港区正式成为全国第一个开展“保税船舶登记”的试点区域，可以为注册在洋山保税港区的企业所拥有的从事国际航运业务的保税船舶办理船舶登记业务。2010年至2012年，上海综合保税区引进了16家境内外融资租赁母公司和64家SPV项目公司。

截至2012年上半年，上海综合保税区运作的租赁资产包括35架民航客机、6架直升机、4艘远洋船舶以及飞机发动机等大型设备，资产价值总额达25亿美元。此外，上海综合保税区还与交银租赁、招银租赁、国银租赁、农银租赁、工银租赁、中航租赁、美国威利斯租赁、大新华租赁以及远东租赁9家公司签订了战略合作备忘录。

2013年9月29日，上海自贸区挂牌并宣布了首批36个代表项目，交银金融租赁公司自贸区子公司位列其中。交银金融租赁公司计划依托自贸区将其子公司打造成离岸机构，把新增的涉及境外业务及外汇的航空航运租赁业务放入子公司内运营。2013年11月，交银金融租赁公司的自贸区子公司以融资租赁方式将1架波音737飞机出租给扬子江快运航空有限公司运营，成为自贸区首单飞机融资租赁业务。今后，交银租赁将在自贸试验区实现飞机、船舶租赁业务全覆盖。

2013年10月3日，工银金融租赁与马来西亚亚洲航空签署10亿美元飞机融资合作备忘录。其中，与亚航合作的项目计划通过上海自贸区完成。此外，招银租赁也已经申报设立租赁子公司。截至

2013 年底，上海自贸区已经引进各类融资租赁母公司 57 家、项目子公司 241 个，租赁资产总值已超过 55 亿美元。

1.3.1 上海自贸区融资租赁方面的制度创新及存在的问题

(1)我国融资租赁存在的主要问题及制约因素

2013 年 10 月 15 日，国泰君安发布报告称，2015 年中国的租赁业务有望从目前的 1.55 万亿元提高到 3 万亿元。但是在乐观的同时，也要看到我国融资租赁还存在许多问题，比较突出的是我国融资租赁公司缺乏国际竞争力，大量融资租赁业务外流，例如目前我国飞机租赁市场基本由外国飞机租赁公司垄断，截至 2012 年中国市场国外租赁公司比例达到 66%。我国融资租赁公司国际竞争力不高的原因是多方面的：一是在现有的政策环境下，国内金融租赁公司尚不能直接在境外设立，只能通过作为项目安排人，间接实施跨境租赁项目，导致国内、国际两个市场的分割，境外业务和租赁资产无法直接进行管理；二是国内金融租赁公司无法直接从境外融资，外汇资金来源渠道较为单一，融资成本也较高，一定程度上导致国内金融租赁公司无法与境外同业进行业务竞争；三是在海关、税收、法律等方面也都存在着制度瓶颈，一定程度上制约了金融租赁公司机船租赁国际业务的发展。

(2)上海自贸区融资租赁方面的制度创新

近年来，上海市融资租赁在经历了单纯的“贷款加销售”的运作模式后，逐步转向融资租赁业务的专业化、差异化和标准化发展。上海自贸区成立前，上海市商务委和金融办、海关、外汇管理、税务、财政、工商等有关部门联合推进在综合保税区率先开展融资租赁业务试点，制定出台了鼓励融资租赁企业在综合保税区设立 SPV(特殊项目)公司的政策，鼓励金融、内资以及外资融资租赁公司在综合保税区内设立 SPV 公司，支持 SPV 公司开展飞机、轮船和机械设备融资租赁业务。上海自贸区成立后，在原有基础上进一步加大制度创新力度，目前关于融资租赁方面的制度创新主要体现为三个方面：

一是市场准入方面，允许和支持各类融资租赁公司在试验区内设立项目子公司并开展境内外租赁服务；融资租赁公司在试验区内设立的单机、单船子公司不设最低注册资本限制；允许融资租赁公司兼营与主营业务有关的商业保理业务。

二是在税收方面，试验区内注册的融资租赁企业或金融租赁公司在试验区内设立的项目子公司纳入融资租赁出口退税试点范围；对试验区内注册的国内租赁公司或租赁公司设立的项目子公司，经国家有关部门批准从境外购买空载重量在25吨以上并租赁给国内航空公司使用的飞机，享受相关进口环节增值税优惠政策。

三是在金融支持方面，取消金融类租赁公司境外租赁等境外债权业务的逐笔审批，实行登记管理。允许金融租赁公司及中资融资租赁公司境内融资租赁收取外币租金，简化飞机、船舶等大型融资租赁项目预付货款手续。根据公布的自贸区22号文和中国人民银行相关规定，区内融资租赁企业可以利用人民币离岸贷款获取低成本资金。

(3)上海自贸区融资租赁方面制度创新所存在的主要问题

上述这些措施极大地促进了区内融资租赁的发展，有利于提高自贸区内融资租赁机构的国际竞争力，尤其是在发展跨境租赁方面。从融资租赁的法律、监管、财务和税收四大支柱来看，这些政策的力度与国际上融资租赁较为发达的爱尔兰和美国相比，还存在不少差距，尤其是在解决融资租赁机构的资金来源方面还需进一步进行制度创新。一般认为融资租赁公司具备持续的融资能力至关重要。虽然目前上海自贸区在人民币离岸贷款方面取得了一定突破，但在发展租赁资产证券化、再融资、租赁资产交易平台等方面还缺乏制度创新[12]。

1.3.2 促进上海自贸区融资租赁发展的几点建议

如何通过制度创新促进上海自贸区融资租赁的发展，美国的经验值得借鉴。截至2012年末，美国租赁行业业务规模达到1939亿美元，市场渗透率为17%，而同期我国的市场渗透率仅为4.14%。阿曼波(2000)对美国近60年融资租赁发展史进行研究后，认为总体上交易创新、金融创新推动了租赁行业的发展，具体而言，美国租赁业的高速发展主要有两方面的原因：一是行业制度完善。美国对租赁行业的监管相对比较宽松，市场开放度高，法律保护到位，税收优惠，会计制度通用；二是美国金融市场比较发达，市场机制成熟，可以为租赁行业的发展提供更多的金融支持。借鉴美国的经验，上海自贸区还需要进一步加大制度创新力度，促进区内融资租赁的发展。为此，提出以下建议：

(1)统一融资租赁公司的政策和监管部门

我国目前融资租赁公司分为三类，各自的政策和监管部门都不相同，这导致了不公平竞争。综合监管制度创新是上海自贸区制度创新的核心内容之一，因此建议在上海自贸区内进行融资租赁综合监管制度的先行先试，可以由银监部门负责区内全部融资租赁机构的监管，并将三类融资租赁机构的政策统一。同时在服务实体经济和防范风险的前提下，在进一步放宽市场准入的前提下对自贸区融资租赁加强事中和事后监管。

(2)进一步加大税收政策优惠

在现有税收优惠政策的基础上，根据上海自贸区发展飞机租赁、出口租赁的需求，在分析爱尔兰融资租赁税收制度的基础上，参考天津东疆保税区关于融资租赁税收方面的优惠政策，进一步加大区内融资租赁税收优惠力度。为消除营改增对融资租赁的消极影响，应进一步扩大进口环节增值税优惠范围，与飞机一样将船舶、医疗器械设备等纳入进口环节增值税优惠范围。为通过融资租赁促进我国飞机、船舶和成套设备的出口，建议在出口退税方面加大对融资租赁机构的支持力度。

(3)实现融资租赁机构的多元化融资

建议在服务实体经济和防范风险的前提下进一步解决体制机制障碍，实现区内融资租赁机构的融资渠道多元化和降低融资成本：一是进一步出台措施实现流程优化，便利区内融资租赁企业利用低成本的境外离岸人民币资金；二是出台细则促进区内融资租赁保理的发展；三是出台措施促进区内融资租赁资产证券化的发展；四是出台措施促进区内融资租赁资产交易平台的发展；五是出台措施推进区内融资租赁征信系统的先行先试。

2. 广东自贸区

2.1　广东自贸区深圳前海片区概述

2014 年 12 月，国务院决定设立中国(广东)自由贸易试验区，广东自贸区涵盖三片区：广州南沙、深圳前海、珠海横琴，面积 116.2 平方公里，广东自贸区立足面向港澳深度融合。

前海位于深圳蛇口半岛西北部，与香港、澳门地区毗邻，属于填海区。2008 年 10 月，国务院批准设立深圳前海湾保税港区，享受“境内货物入区退税，区内货物流转免税，区内生产企业耗用水电气退税”等增值税优惠政策。2010 年 8 月，国务院批复了《前海深港现代服务业合作区总体发展规划》，赋予前海深港现代服务业合作区(以下简称“前海合作区”)以“转型引擎”的重要使命。2012 年 6 月公布的《国务院关于支持深圳前海深港现代服务业合作区开发开放有关政策的批复》(国函[2012]58 号)，支持前海实行比经济特区更加特殊的先行先试政策，并赋予前海“打造现代服务业体制机制创新区、现代服务业发展集聚区、香港与内地紧密合作的先导区、珠三角地区产业升级的引领区”的历史使命。2013 年底，广东省政府向中央申报“粤港澳自由贸易园区”，将前海合作区整体纳入其中，使前海面临着前所未有的发展机遇。

2.2　前海合作区现行税收政策及存在的问题

构建具有前瞻性、符合前海经济发展前景的税收政策体系，特别是允许与开放型经济相适应的税收政策在前海先行先试，对于促进前海自贸区的成长发展至关重要。与上海自贸区相比，目前已经出台的前海合作区税收政策，内容较为单一、适用范围较窄、相关政策缺乏明确的导向性，与推动前海实现自身定位发展的关联度不高，政策效应还未显现。

(1)现有税收政策优势不足

从目前获批的政策看，与上海自贸区相比，前海合作区适用的税收政策不但数量较少，而且含金量也相对不足，主要体现在以下三个方面：

一是前景空间不足。国务院对上海自贸区的定位是“探索与试验区相配套的税收政策”，范围比较宽泛，意味着不设边界、大胆尝试。前海合作区的定位则是“在国家税制改革框架下，支持前海在探索现代服务业税收体制改革中发挥先行先试作用”，明确限定在现代服务业税收制度范围。

二是战略导向不足。国务院明确的上海自贸区适用的试点税收政策包括资产评估增值分期缴纳所得税、股权激励分期缴纳个人所得税、融资租赁货物出口退税、飞机租赁进口环节增值税优惠、内销货物选择性征收关税、生产性企业进口机器设备免税、启运港退税政策等 7 项优惠政策。前海合作区，主要是符合条件的企业适用 15%的企业所得税税率、境外高端人才和紧缺人才的个人所得税税负差额补贴免征个人所得税、符合规定条件的现代物流企业按差额征收营业税 3 项。而且，随着“营改增”的进一步扩围，国家赋予前海符合条件的现代物流企业享受差额征收营业税的政策已在全国普遍实行，不再为前海合作区所特有。相较而言，上海自贸区汇集了目前既有的税收优惠政策，国家又准予先行先试，有利于真正发挥税收政策的导向作用，促进跨国投资、货物贸易、融资租赁等新兴产业的发展。前海合作区适用的是一般性优惠政策，体现不出明确的产业导向和战略目标。

三是政策力度不足。与上海洋山保税港区相比，前海保税港区没有启运港退税政策，港区内符合条件的纳税人提供的国内货物运输服务、仓储服务和装卸搬运服务也不能实行增值税即征即退政策。

(2)现有税收政策存在缺位

前海合作区适用的税收政策，相对于其开发定位的发展要求而言，政策效应并不明显，部分政策存在缺位现象。

支持金融创新的税收政策有待完善。金融业是现代服务业的重要组成部分，前海合作区一个很重要的发展目标就是探索建立现代金融服务创新区。前海合作区拟推行的金融创新业务涉及离岸人民币交易、跨境融资、私募股权交易、企业集团资金池运作等方面，这些金融创新涉及的政策散见于增值税、营业税、所得税等税种的规定中，没有形成完整的体系，而且有些政策还存在缺位现象。同时，金融业还未纳入“营改增”的范畴，重复征税问题还比较突出。

融资租赁货物出口退税政策未能试点。2012 年以来，国务院先后将天津东疆保税港区、上海自贸区的融资租赁企业或金融租赁公司纳入融资租赁出口退税试点范围，允许以融资租赁方式租赁给境外承租人，并且对租赁期在 5 年(含)以上、所有权转移、向海关报关离境出口的货物实行出口退税政策。这有利于加快所在区域国际航运产业的发展，缩小与世界主要航运中心的差距，有利于加快发展现代服务业，促进外贸出口产业升级，同时也能够为改革创新出口退税政策、改进管理措施提供宝贵经验。目前，前海合作区尚未获准推行这项试点政策。

(3)现有税收政策落实困难

当前，前海地区的跨境电子商务平台等新型业态发展迅猛，其在出口时的交易方式、货物运输、支付结算等与传统贸易存在较大差异，特别是以邮寄、快件等形式开展的跨境电子商务零售出口业务，由于业务模式比较特殊，一直被排除在出口退税政策之外。2014 年初，国家出台政策，明确符合条件的电子商务零售出口企业可以享受增值税、消费税退(免)税政策。目前，这一退(免)税政策的落实存在以下问题：

一是出口报关单与购货凭证难以匹配。目前，深圳在前海试点推行电子商务出口新型海关监管模式，以集中监管、清单核放、汇总申报的方式办理通关手续，并取得出口货物报关单。但是，由于报关单的商品编码、品名、型号等涉及多家电商企业的出口货物，是进行商品大类合并后的集合，无法与具体电商企业购货凭证明确对应，在办理出口退(免)税时存在难以审核确认出口货物信息的难题。

二是合法有效的购货凭证难以规范取得。跨境电商零售出口的消费者大多为境外个人，具有业务量小的特点，因此，主要是向国内零售主体小批量采购。由于数量少、金额小，很多情况下受经营特点及业界习惯的影响，这些出口货物未能取得增值税专用发票、普通发票或者其他合法有效的购货凭证。根据现行出口退税政策，外贸出口企业申报出口退税必须取得增值税专用发票抵扣联，如无法取得，则只能免税；如果未取得其他合法有效的购货凭证，还要视同内销征税。跨境电商落实这一退(免)税政策面临客观条件的制约[13]。

2.3 对完善前海深港自贸区税收政策的建议

基于深圳前海的定位和发展愿景，结合新形势下推进税收现代化的要求，前海深港自贸区的税收政策应着重从以下几个方面进行完善，从而形成更具国际竞争力的税收政策体系。

(1)实行自贸区境内关外特殊监管区域税收政策

适应打造海关特殊监管区域升级版的需要，一是积极争取启运港退税政策，有效缩短企业取得出口货物报关单退税联所需时间，提升前海保税港区的货物中转量，并带动相关物流辅助行业的发展。二是积极争取融资租赁出口退税政策，对满足条件的融资租赁出口货物，纳入融资租赁出口退税试点范围，完善金融产业链条，促进相关租赁业务的开展，加快发展现代服务业，推动外贸出口产业升级。三是探索解决跨境电商出口退税问题。积极开展跨部门合作，创新管理模式，解决退税政策实施中的具体操作问题，为完善出口退税政策、改进管理提供宝贵经验。此外，应对试验区内生产企业和生产性服务业企业进口所需的机器、设备等货物予以免税等。

(2)促进服务贸易与货物贸易适用同等税收政策

前海深港自贸区的发展重心已由货物贸易转向服务贸易。借鉴国际管理理念，使前海自贸区形成更开放的税收政策体系，在与贸易自由化相关的关税及非关税壁垒(资金、外汇管制等)等方面给予企业较优惠的政策。特别是要在自贸区内进行积极探索，实现跨境服务贸易税收政策的创新和突破。例如，自贸区可以考虑先行突破，将离岸服务货物劳务税政策延伸到跨境服务贸易上，在没有实行“营改增”的领域，如金融领域，把它看成跨境服务贸易，实行免税制。在符合税制改革方向和国际惯例以及不导致利润转移和税基侵蚀的前提下，积极研究完善适应境外股权投资和离岸业务发展的税收政策，从而促进自贸区成为发展总部经济、港口经济，推进国际金融中心、航运中心建设的最好平台。

(3)探索适应现代金融服务创新需要的税收政策

据统计，截至2013年10月29日，前海入驻企业1573家，其中金融业1147家，占总数的73%，金融业税收政策体系建设已经成为前海发展中无法回避的问题。特别是金融领域的创新，在我国目前人民币资本项目尚未实现自由兑换的情况下，有利于跨国公司内部全球调拨资金和拓展业务，将进一步强化以现代金融物流业为核心的现代服务业的规模集聚。为此，必须完善货物劳务税制，探索建立有利于金融创新的税收政策体系。一是要早日将金融业纳入“营改增”范畴，彻底解决金融业重复征税问题。二是要清理散见于各税种法规中的金融业税收政策，查漏补缺，完善税收制度。三是要积极研究金融创新项目，尽快出台与之相适应的税收政策，对符合条件的高端金融企业形成巨大的入驻吸引力。

(4)积极争取吸引投资者和顶级人才的税收政策

除了制定相关的细则和产业目录，使前海已经获批的优惠政策能够尽快落实外，还要积极争取相当于上海自贸区的优惠政策，吸引广大投资者、全球顶级人才进入自贸区工作。比如，对注册在试验区内的企业或个人股东，因非货币性资产对外投资等资产重组行为而产生的资产评估增值部分，可在不超过5年期限内，分期缴纳企业所得税；对试验区内企业以股份或出资比例等股权形式给予企业高端人才和紧缺人才的奖励，实行已在中关村等地区试点的股权激励个人所得税分期纳税政策。

(5)注重提供明确透明的税收政策环境

前海自贸区可以通过制定和完善税收政策来实现其在国际经贸中的功能。但是，由于目前中国各类经济功能区繁多，国内外企业面临的一大困扰在于税收负担的不确定性。目前，对于跨国企业来说，更为看重的是整个区域的开放度和税收负担的明确与公平。因此，前海自贸区应引入重大税收事项事先裁定制度，鼓励前来投资的国内外企业事前沟通以避免事后税法适用上的不确定性，从而避免耗费不必要的税务争议救济成本，营造明确透明的税收政策环境。

3. 天津自贸区

3.1 天津东疆保税港区概述

中国(天津)自由贸易园区，是中国政府设立在天津市滨海新区的区域性自由贸易园区，属中国自由贸易区范畴。该试验区于2014年12月12日经国务院正式批准设立，试验区总面积为119.9平方公里，主要涵盖3个功能区，滨海新区中心商务区、东疆保税港区以及天津港保税区(含空港经济区)，这3个功能区均在滨海新区的辖区。

天津东疆保税港区，成立于2008年，是经国务院批准成立的迄今为止面积最大、条件最好、政策最优、效率最高、通关最便捷、环境最宽松的保税港区。东疆保税港区集保税区、出口加工区、保税物流园区功能于一体，在拥有开发区、保税区、高新技术产业园区等区域的全部政策的同时，充分享受国家批准的涉及税收、口岸监管、外汇管理等方面的众多优惠政策。东疆保税港区面积10平方公里。这是继上海洋山保税港区后，中国批准设立的第二个保税港区，也是目前中国面积最大的保税港区。保税区的设立将有助于吸引更多外资企业到天津滨海新区来投资。

2006年8月31日，国务院关于设立天津东疆保税港区的批复正式下发。根据“政府主导、企业运作、多元投资”的原则，天津港(集团)有限公司作为东疆港区建设和开发经营的主体，正在按照天津市委、市政府的要求，加快东疆港区及东疆保税港区的规划建设。2007年12月11日，6个集装箱泊位、物流加工区、海关监管及口岸办公设施等约4平方公里已经建成投入使用，实现了东疆保税港区首期封关运作。

东疆保税港区将借鉴国际自由贸易港区的发展模式，主要拓展国际中转、国际配送、国际采购、国际转口贸易和出口加工五大功能，重点发展现代物流业、进出口加工制造业和各类服务产业。

3.2 东疆保税港区功能定位

目前东疆保税港区已成为租赁类企业和涉及汽车、橡胶、快速消费品等商品进出口贸易企业落户的首选之地，产业聚集效应不断扩大，特别是航运、进口商品、租赁、金融四大主导产业项目聚集明显。结合以东疆保税港区为载体发展建设东疆自由贸易港区的要求，下面就东疆自由贸易港区发展的功能定位展开以下讨论。

3.2.1 东疆自由贸易港区的航运功能

东疆保税港区在航运方面具有很强的优势，东疆保税港区自2006年获批后就在探索自贸区建设。2008年3月，国务院批复《天津滨海新区综合配套改革试验总体方案》，表示东疆保税港区在“条件成熟时，进行建立自由贸易港区的改革探索”。2011年5月10日，国务院正式批复《天津北方国际航运中心核心功能区建设方案》，确定了以东疆保税港区为建设北方国际航运中心的核心功能区，明确了可在国际船舶登记制度、国际航运税收政策、航运金融和租赁业务创新四方面开展试点以及在建立自由贸易港区方面进行探索的定位。并且给予东疆保税港区非常具体的政策支持，比如：国际航运、物流仓储、航运保险三项营业税免征，租赁公司购买飞机纳入国家批量采购计划，减按4%征收进口环节增值税等政策都具有很强的操作性。

2013年5月，交通运输部原则同意批复《天津东疆保税港区国际船舶登记制度创新试点方案》，天津东疆保税港成为中国第一个实施国际船舶登记的船籍港。2014年3月17日，天津海事局按照该国际船舶登记制度创新试点方案，完成了第一例国际船舶登记手续的办理，并为天津招银重装设备租赁有限公司所属“海洋石油289”轮颁发了船籍港为“天津东疆”的船舶所有权证书，这标志着我国第一艘国际登记船舶落户天津东疆保税港区。落户东疆保税港区，对于航运企业来说，不仅意味着可以受到国家保护，还将可以享受到东疆保税港区国际船舶登记制度创新试点的优惠政策。按照试点方案的规定，新的国际船舶登记制度将各种进口船型的船龄年限均放宽两年。经海事机构核准后，允许船舶雇用外籍高级船员，但外籍船员比例不得超过30%。登记业务形式上还增加了船舶融资租赁登记。一系列的船舶登记创新制度将吸引更多的中资方便其船舶“回归”，切实地扩充国有船队实力。同时，也会对我国航运产业产生深远影响。

东疆保税港区应该借助国际船舶登记制度创新试点的优惠政策，继续积极地开展国际船舶登记制度、国际航运税收政策、航运金融等航运方面的试点工作。在当代的经济发展中，降低货运和物流成本对企业来说很重要，国内物流成本远高于国外，不利于提高企业竞争力。天津是重要的国际性港口城市，如果自贸区的功能定位侧重在航运上，就可以发挥不少的比较优势，吸引更多的货运和物流在此落户。因此，东疆自由贸易港区应该以打造我国北方国际航运中心为目标，大力发展国际航运业务。

3.2.2 东疆自由贸易港区的进口商品基地功能

东疆保税港区借助自身的政策优势，打造了具有自身特点的东疆进口商品直营中心，该中心充分利用东疆保税港区的功能和政策优势，主要经营进口红酒、农产品、预包装食品、乳制品、功能饮料等商品，现已进驻企业19家。同时东疆保税港区已经在天津市中心、滨海新区、北京市设立了3个直营中心，未来计划在河北保定、宁夏银川、陕西西安等地选址建设直营中心。市民在进口商品直营中心就可以买到质优价廉、安全可靠的进口商品。目前东疆保税港区正积极打造贸易便利化服务平台，通过这一便利平台，一级代理商可以使进口商品快速通关进入国内市场。东疆保税港区进口商品直营中心也正是与这些一级代理商合作，减少了代理商层层中转的环节，产品价格要便宜很多。

直营中心正在进一步丰富产品种类，努力成为市民身边真正的“进口商品免税超市”。东疆保税港区进口商品直营中心和普通的进口商品销售店铺最大的不同在于，每一件商品都会拥有自己的“身份证”。直营中心里销售的进口商品，都是原产国的大品牌，在东疆保税港区上岸后，需要经过海关、检验检疫等监管部门的检查，随后，由中国检验认证集团粘贴二维码，相当于每件商品都有自己的身份证，每件商品都可以溯源。为了保证进口商品质量，二维码的制作和粘贴都由中国检验认证集团作为独立的第三方来进行，消费者在购买东疆保税港区进口产品时只需扫描二维码，便可查看到各项相关信息，如产品图片、验证信息等。

作为我国北方唯一的国家进口贸易促进创新示范区，东疆保税港区自获批国家级进口贸易促进创新示范区以来，充分利用示范区的试点效应，围绕展示交易、采购分拨配送、金融服务、贸易便利化四大平台建设，进口额呈现大幅增长。继2013年台湾水果在津成功上岸后，未来将加大进口水果、冻品和乳品等快速消费品从天津口岸上岸，吸引业内更多的贸易商在东疆保税港区发展。

东疆保税港区将围绕推进投资与服务贸易便利化综合改革和创新，重点加快“国家进口贸易促进创新示范区”建设，东疆自由贸易港区应以此为契机借助国家进口贸易促进创新示范区的试点效应，打造“中国北方进口商品基地”和“台湾商品北方集散中心”。

3.2.3 东疆自由贸易港区的租赁功能

自国务院批复《天津北方国际航运中心核心功能区建设方案》以来，东疆保税港区积极落实国家战略，打造国家租赁业创新试点区，加快推动以飞机租赁为代表的租赁业创新发展和先行先试，取得了积极成效。从2010年中国飞机租赁有限公司(简称中飞租)在东疆保税港区成立了国内首家专门从事飞机租赁业务的外商投资租赁公司——中飞租融资租赁有限公司，并成功完成了一单飞机租赁业务，将一架价值5千万美元的波音737飞机，租给了山东航空开始，东疆保税港区先后推出国家飞机租赁创新试点区税务租赁、资产包转让租赁、发动机租赁、离岸租赁、出口租赁、保税租赁等多种租赁创新结构和模式，创造了金融租赁公司飞机融资租赁业务第一单，B777F货机机型进入中国第一单，单机公司模式运作第一单，保税港区金融创新第一单。东疆保税港区探索形成飞机租赁的“东疆模式”，打破了国外租赁公司对我国飞机租赁市场的长期垄断，持续引领中国飞机租赁产业发展。据统计，截至2014年3月底，东疆保税港区累计注册各类租赁公司600家，注册资本金

155.6亿元人民币，共完成300架飞机、9台飞机发动机、53艘船舶、3座海上石油钻井平台及其他大型设备、基础设施等租赁业务，实现各类租赁资产约249.8亿美元。

财政部和国家税务总局联合发布的《关于飞机租赁企业有关印花税政策的通知》规定，自2014年1月1日起至2018年12月31日止，暂免征收飞机租赁企业购机环节购销合同印花税。国内飞机租赁企业迎来新利好，作为中国飞机租赁业务核心平台，东疆保税港区也将从中获益。

随着飞机业务的不断发展，未来将有越来越多的飞机租赁企业聚集到东疆保税港区，新政策将帮助这些企业进一步降低运营成本，尤其是大的飞机租赁公司，它们所涉及的租赁合同金额庞大，所以即使很低的税种也会对企业产生较大影响。在政策利好消息的影响下，东疆保税港区的飞机租赁业务也将迎来新的发展良机。

按照东疆保税港区现在的发展速度，估计在未来5~10年内，东疆自由贸易港区将成为中国和全球的飞机租赁中心。东疆自由贸易港区应该以此为重要契机，继续提高飞机租赁和船舶租赁的市场占有率，积极拓展大型设备租赁，不断丰富租赁品种，积极建设服务全国的租赁资产交易平台，做大做强具有东疆特色的租赁业务。

3.2.4 东疆自由贸易港区的金融功能

在金融领域，东疆保税港区也在不断推进金融资本与国际接轨的步伐。如在国家赋予的优先借用外债指标、融资租赁、出口退税等先行先试政策支持下，东疆保税港区飞机租赁业务先后创造了20余个新的融资和租赁结构，发展速度快速提升。这几年来，东疆保税港区飞机租赁业务每年都以100%的速度增长。截至2013年年底，东疆保税港区飞机租赁资产总额约120亿美元，占据国内市场份额的近九成，这里已经成为名副其实的我国飞机租赁聚集地；而在船舶和大型设备租赁方面，民生租赁、工银租赁、环球租赁和国中租赁等企业利用租赁创新试点政策，已在船舶、海工装备、新能源设备租赁领域展开了项目前期工作。

在巩固发展融资租赁业务的同时，东疆保税港区也在积极探索新的航运金融业务，服务租赁、国际贸易和航运物流类企业的融资渠道和平台正在逐步形成。一批商业保理企业、小额贷款公司、担保机构、证券营业部陆续进入东疆保税港区，金融服务业呈现多元化发展态势。目前东疆保税港区已有133家外商投资企业成为外汇资本金意愿结汇试点企业，外商投资企业资本金验资后，可根据意愿随时向结汇银行申请结汇。意愿结汇为企业提供规避汇率波动风险的政策空间，也为外商企业提供了便利。作为全国首个获此政策的保税监管区域，东疆保税港区自2012年12月第一批试点企业名录公布以来，区内注册企业共办理了7笔意愿结汇业务，结汇金额累计达4182万美元。

东疆自由贸易港区应该按照国家政策和文件，允许已经开展离岸银行业务的商业银行在东疆保税港区设立机构，积极开展离岸银行业务。允许在东疆保税港区注册、有离岸业务需求的企业开设离岸账户，简化离岸账户审批流程，进一步推进外汇管理便利化措施试点。支持商业银行对具有真实贸易背景的融资筹资需求，在商业原则基础上提供人民币融资便利。在控制风险和稳健推进的前提下，推进人民币市场的发展和对外开放，拓宽人民币流入和流出渠道。努力实现东疆自由贸易港区的离岸金融服务功能，并在航运金融领域实现新的突破[14]。

3.3 东疆保税港区政策扶持

3.3.1 国家战略

2008年3月，国务院在相关文件中要求以建设东疆保税港区为重点，加快建设北方国际航运中心和国际物流中心，推进国际化市场体系建设，条件成熟时进行建立自由贸易港区的改革探索。《天津北方国际航运中心核心功能区建设方案》指出，东疆保税港区要用5~10年的时间，基本完善国际中转、国际配送、国际采购、国际贸易、航运融资、航运交易、航运租赁、离岸金融服务等功能，把天津东疆保税港区建设成为各类航运要聚集、服务辐射效应显著、参与全球资源配置的北方国际航运中心和国际物流中心核心功能区，综合功能完善的国际航运融资中心。国家一系列的文件要求和批复，明确了国家对于建立东疆自由贸易港区的支持和期望。

3.3.2 政策创新

国函[2011]51号要求天津东疆保税港区率先开展国际船舶登记制度、国际航运税收政策、航运金融和租赁业务创新四项试点。随后在2013年5月，《天津东疆保税港区国际船舶登记制度创新试点方案》正式获得交通运输部批复同意，准予东疆保税港区率先开展国际船舶登记制度创新试点，在船公司股权结构比例、船龄、船级社准入等方面适度放宽；对国际海上运输、国际航运保险、仓储、运输和装卸搬运等三类业务免征营业税；准许转口汽车落地保税和启运港退税政策；赋予开设离岸账户和简化手续等金融创新试点措施，鼓励东疆保税港区率先发展人民币离岸金融市场和拓宽国内外融资渠道；在租赁试点安排中，给予了企业准入、管控模式、税收安排、外债额度和飞机引进指标等一系列租赁产业创新试点政策。同时，《国家外汇管理局关于将天津东疆保税港区纳入外商投资企业外汇资本金结汇改革试点范围的批复》(汇综复[2012]67号)规定，外商投资企业资本金验资后，可根据意愿随时向结汇银行申请结汇，汇兑环节不受任何限制，为企业提供了规避汇率波动风险的政策空间，这些政策在中国14个保税港区中只有东疆保税港区唯一享受。

3.3.3 港区经济扶持政策

为促进天津东疆保税港区产业发展，加快推进功能开发，重点支持现代物流、进出口加工和现代服务业，天津东疆保税港区管理委员会颁布了《天津东疆保税港区促进产业发展暂行规定》，该规定提出天津东疆保税港区管理委员会设立企业发展专项资金，对企业缴纳的营业税、增值税、企业所得税以及高管个人所得税和大宗商品交易给予专项资金支持。

同时，天津市政府在《关于加快东疆港区开发建设有关问题的意见》中对东疆港区开发建设提出以下支持意见：到2020年前，东疆港区产生的所有税收地方留成部分作为政府性投入全额拨付天津港集团专项使用。另东疆港区海域使用金和土地出让金地方留成部分作为政府性投入全额拨付天津港集团，用于东疆港区的开发建设。

3.3.4 征税退税优势

国外货物入区，免征进口关税和进口环节增值税；国内货物入区，享受出口退税；区内企业免征加工环节增值税；区内交易免征增值税和消费税；区内企业所耗用的水、电、气、热享受出口退税，区内企业采购的部分生产原料还可办理退税手续，享受退税的优惠政策，为进口、出口和转口企业提供了一个节税和降低成本的最佳平台。

4. 福建自贸区

4.1 福建省平潭综合实验区

2014 年 12 月 12 日，国务院决定设立中国(福建)自由贸易试验区，福建自由贸易试验区包括福州片区、厦门和平潭片区。其中平潭综合实验区为福建省直管。平潭是福建省第一大岛，位于福建省东部，与台湾隔海相望，是大陆距离台湾岛最近的地方。

平潭综合实验区的发展定位为探索两岸交流合作先行先试的示范区和海峡西岸经济区科学发展的先行区。围绕发展目标，平潭综合实验区将积极构建具有较强竞争力的产业支撑体系，通过积极承接台湾产业转移，建设先进制造业基地，发展电子信息、海洋生物、清洁能源等现代产业体系，打造低碳经济岛，以构建生态园林城市为目标，形成低投入、低消耗、低排放和高效率的经济发展方式，建设现代化的生态海岛城市。

平潭综合实验区近期将重点推进六大区域建设：产业发展区、国际旅游发展区、商贸合作区、现代物流港区、科技文化产业区、城市发展区。

4.2 平潭综合实验区发展定位

(1)探索两岸合作新模式的示范区

积极探索采取两岸共建等灵活多样的合作方式，实现合作规划、合作开发、共同受益，推进两岸经贸紧密合作、融合发展，构建两岸直接往来的重要快捷通道，推进两岸教育文化交流合作先行先试，打造两岸合作的国际旅游岛和两岸贸易特别区。

(2)海峡西岸经济区科学发展的先行区

加大改革创新力度，大力推进通关制度、科学技术、管理体制和发展模式创新，为台湾人士在平潭就业、居住和自由往来提供便利，为海西“科学发展、先行先试”创造经验。

(3)省会中心城市的重要组成部分

按照“产业做强、规模做大、功能做优、环境做美”的要求，发展优势产业，提升人口和经济聚集度，使之成为拓展海西沿海城市化格局的新增长点。

4.3 平潭综合实验区主要任务

(1)构建两岸合作的海关特殊监管区域。创新通关制度和查验监管模式，实行海关特殊监管区域的税收政策、外汇管理政策，推进两岸投资贸易和人员往来便利化。

(2)构建两岸区域合作前沿平台。加快中央支持海峡西岸经济区建设的政策在平潭先行先试，开展两岸区域合作综合试验，实行更加开放的产业政策，推进两岸产业深度对接和多种形式的民间交流合作，实现合作开发、共同受益。

(3)构建两岸直接往来新的便捷通道。开辟两岸海上客货滚装航线，开展海峡两岸桥隧通道前期研究，发展中转贸易和国际航运，成为台湾连接周边地区、中西部省份的物流综合通道。

(4)构建以旅游商贸等现代服务业为重点的产业结构。着力打造服务业发展新优势，积极承接台湾物流、商贸、中介服务等现代服务业转移，建设以高端服务业为主导的现代产业体系。

(5)构建有利于科学发展的体制机制。以科技创新为核心，建设开放型的区域创新体系，完善公共服务和社会保障，建设优质共享的社会服务体系，创造适宜自主创新、自主创业的综合城市环境。

(6)构建生态园林城市。强化森林景观配置，加强海洋和海岸带环境保护，强化资源综合利用，建设现代化、生态型海岛城市。

4.4　平潭与台湾示范区对接合作的基础

4.4.1　平潭与台湾示范区的基本情况

(1)平潭综合实验区

自2011年11月《平潭综合实验区总体发展规划》获批以来，一系列优惠政策、甚至是只属于平潭所独有的优惠政策相继出台。2013年7月，海关总署签发《中华人民共和国海关对平潭综合实验区监管办法(试行)》，在平潭实施“一线放宽、二线管住、人货分离、分类管理”的分线管理模式；与生产有关的货物分别由境外、区外进入平潭，可依据货物清单分别享受免税或保税、出口退税政策；进口货物在“二线”、出口货物在“一线”执行特殊贸易管制政策；海关对经平潭进出境，进出平潭的运输工具、货物、物品以及区内海关注册登记的企业、场所等进行监管和检查均适用本办法。与国内其他区域相比，平潭在某些方面享有更大的区域开放度和经济自由度，拥有更加优惠的政策，如对平潭符合条件的企业减按15%的税率征收企业所得税等。

(2)台湾自由经济示范区

台湾自由经济示范区被定义为经济自由化的先行先试区，旨在为台湾全岛自由经济区建设探索道路。马英九指出，自由经济示范区的规划，要以自由化、国际化及前瞻性为核心理念，致力提升人员、商品及资金自由流动，不仅要吸引境外企业来台投资，更要帮助台湾产业升级与转型，最重要的是创造就业并接轨国际，创造台湾经济成长及产业结构优化的新动能，提升台湾经济竞争力。2013年4月27日，台湾行政主管部门公布“自由经济示范区规划方案”，确定苏澳港、基隆港、台北港、台中港和高雄港以及桃园航空城，即“五海一空”为自由经济示范区。此后，台湾有关方面又将台南县安平港和屏东农业生技园区纳入其中，台湾示范区扩大为“六海一空”和屏东农业生技园区八处，即“六海一空一区”。2013年8月8日，台湾行政主管部门负责人江宜桦宣布自由经济示范区第一阶段正式实施，并预期2014年可增加台湾生产总值新台币

300 亿元、创造 1.3 万个就业机会。

4.4.2　平潭与台湾示范区对接合作的基础

(1)平潭方面

一是对接合作的海上战略通道基础。2013 年 10 月 9 日，“海峡号”从平潭直航台北，成为继台中后平潭与台湾本岛的第二条直航航线。“平潭—台湾”海上航程大致在 2 个半小时，相较两岸其他海上航线 24 小时左右的航程，已接近航空速度，且海运成本较低，其“空运速度、海运成本”的优势十分突出，目前已成为大陆与台湾之间的重要战略通道。平潭连接台湾，辐射内陆的功能日益凸显，已成为平潭与大陆其他区域不同的差异化优势，成为平潭与台湾示范区对接的重要基础。

二是对接合作的政策优势实力基础。目前平潭正在推进全岛封关运作，将成为大陆最大的自由贸易区域，国务院赋予平潭 28 项特殊优惠的政策正在逐步落实，为平潭与台湾示范区对接合作创造了良好的契机和极大的潜力。双方合作有助于将平潭的政策优势转化为现实优势，强化平潭对台合作的吸引力。

三是对接合作的创新制度机制基础。2013 年 9 月 29 日，中国(上海)自由贸易试验区正式挂牌，重点开展制度创新和进一步深化改革开放，这对平潭的开放开发来说，既是竞争，也是推动。目前平潭正在推进“封关管理”，推行“境内关外”制度，拥有特殊的体制机制成为改革和创新示范区的优势和基础。

(2)台湾方面

一是台湾经济发展内生需要基础。为应对“闷经济”以及被边缘化的危机，台湾当局在 TPP(跨太平洋贸易伙伴协定)门槛过高的背景下，第一阶段推出“六海一空一区”，在区内推进经济自由化，加速市场开放、国际接轨，当前选取智慧运筹、国际医疗、农业加值和产业合作等示范产业，通过“前店后厂”模式，延伸产业链。台湾示范区与平潭对接合作，将有助于加快推进台湾示范区与外部其他区域之间的合作实验，提升台湾企业竞争力，为探索台湾全岛自由经济区建设积累发展经验。

二是台湾当局政策背书许可基础。2013 年 3 月 27 日，台湾有关负责人表示，示范区未来可以与大陆的经济特区进行产业合作，以打造示范区成为吸引跨国企业前来投资的区域经济整合平台。第九届两岸经贸文化论坛共同建议则明确鼓励和支持台湾示范区与海西区、平潭之间的区域对接合作。台湾示范区腹地不如平潭，双方对接开展紧密合作，台湾方面可充分利用平潭海峡通道，延伸至内陆，将平潭作为台湾企业进入大陆市场的跳板。

三是台湾可接受的合作方式基础。推进平潭与台湾示范区的对接，是对台湾当局提出的以“区对区”方式推动台湾示范区与大陆经济特区合作交流提法的回应。这种做法有利于增大两岸合作“公约数”，使双方获得更多的共识。

4.5　平潭与台湾示范区对接合作的重点

平潭与台湾示范区对接合作的总体思路是：根据台湾示范区和平潭的各自定位与特点，从合作共赢的视角出发，寻找互补优势，确定近期和中远期对接合作重点区域与领域，互为对方延伸区域，整体规划，分步实施，推出相应的合作政策，推进双方区域之间的经济一体化进程，联手打造共同产业和共同市场，在“点对点”成熟合作的基础上，由点到面，逐步形成平潭与台湾示范区之间“一点对多点”的合作局面。

(1)近期对接合作的重点区域。鉴于平潭与台中、台北海上直航航线运营日趋成熟，平潭与台中、台北、桃园三个区域之间的合作关系具有了先天的优势条件，将之作为平潭对接合作的首批重点区域，其中尤以台中作为近期合作的重中之重区域。针对第一批重点合作区域，要稳步推进，积累经验，形成对接合作的示范效应。

(2)中远期对接合作的重点区域。将基隆、高雄、苏澳、安平、屏东五个区域作为平潭与台湾示范区对接合作的第二批重点区域。在近期重点区域合作经验的基础上，逐步推进与台湾第二批重点区域的中远期对接合作。

4.6　平潭与台湾示范区对接合作策略

(1)加强和深化平潭与台湾示范区制造业对接合作

第一，尽快加强与台湾示范区互动，确定产业对接合作规划，为台商进入大陆市场搭建桥梁。台湾示范区的产业合作规划以“前店后厂、委外加工”方式推动，并将平面显示器、工具机两大产业列为重点发展产业。平潭可加强与台湾示范区所在区域工业同业公会、台湾精密机械发展协会、台中市工具机公会等行业协会的对接，建立常态化的交流合作机制，商定对接合作规划。

第二，尽快选定与台湾示范区的互补产业合作项目，引进产业链关键企业，开展合作。加强与台湾电电公会等相关行业公会的沟通，充分发挥台湾宸鸿科技集团(TPK)在平潭投资的示范效应，利用平潭与台湾海上通道的竞争优势，选择性引进平潭重点发展产业中产业链的关键企业，带动和培育平潭产业。

第三，鼓励平潭企业以参股、合作等方式，赴台示范区投资兴企，与台湾“六海一空一区”相关区域的科技创新园区及其关键企业积极对接，提升平潭与台资合作密度与深度。借助平潭的陆资入岛，为平潭引进台资项目和企业另辟蹊径。

(2)加强和深化平潭与台湾示范区农业对接合作

第一，拓展平潭与台湾“六海一空一区”之间的农业价值链多环节合作，打造台湾农产品集散地。一方面，要充分发挥平潭海上直航通道的时间和成本优势，将平潭建成台湾农产品销往大陆的枢纽和集散地。另一方面，要积极引进台湾的农业资金、技术和良种，发展观光休闲农业，将两岸农业合作从“农产品”拓展到“价值链”的多环节合作，实现农业加值目标。

第二，加强与台湾示范区所在区域农联社等机构合作，合力推进平潭与台湾农业深度合作。一方面，要主动与台湾农业界相关机构联络合作，借助其在台湾的影响力，建立平潭与台湾区域整体而不是个体农民的合作关系，推进两岸农业深度合作；另一方面，通过合作开展两岸农产品与食品行业的互联互通与技术互补，在平潭建立合作农场或台湾农业示范园；当然，也允许台湾有关农业合作组织在平潭设立办事机构，专门服务协调两岸食品、农产品以及花卉苗木的双向贸易等事宜，完善农业合作交流机制。

(3)加强和深化平潭与台湾示范区旅游业对接合作

第一，要推进福建省和平潭旅游部门与台湾示范区所在区域旅游业界签署有关合作协议及其实质性合作步伐，推动两地旅游业界合作，设计推出平潭—台湾双向线路，拓展闽台、连接大陆，共同设计、合作营销，推进海峡旅游品牌建设，将平潭建设成为对台旅游黄金通道和重要集散中心。

第二，要建立旅游业界交流合作工作机制。一方面，要定期组织双方旅游业界有关企业、优秀旅游人才，双向进行交流与踩线考察；另一方面，要充分发挥平潭、台湾示范区各自的旅游品牌优势，加强旅游市场开发及管理合作力度，共享对方先进的管理理念及营销模式。

(4)加快和深化海上直航和空海物流对接合作

第一，探讨空海物流对接合作。尽快与桃园航空城方面联络，充分发挥平潭直航台湾的成本优势和时间优势，探讨如何在两岸及国际转运的信件、快件等业务方面进行合作，开展渡运等业务。

第二，拓展建立平潭与其他港口的海上直航关系。台南方面表示全力支持安平港发展，加速客货运的两岸直航脚步，平潭要利用此类契机，尽快与台南市安平港及其他潜在区域进行联络沟通，形成平潭"一点对多点"的两岸海上直航格局。

第三，推进平潭与台湾物流双向投资合作。设立合资公司共同拓展物流合作领域与业务，在平潭为台湾物流企业建置货柜停放区、物流专区，以平潭为发货点，为大陆沿海省份提供物流服务，进而建立和固化长效合作机制。

第四，探索物流对接的管理模式。要尽快与台中、台北等港区洽谈建立合作通关制度，探索与台湾示范区之间的通关合作模式，进一步健全商务、海关、检验检疫、税务、金融、港务等部门的联系机制，探索"虚拟海关"与"实体海关"相结合的管理体制和模式，提高物流效率，降低物流成本，为双方经贸合作提供便捷服务。

4.7　平潭与台湾示范区对接合作的政策建议

为探索推进平潭与台湾示范区之间的对接合作，建议加快平潭自由港自身建设，在此基础上进一步推进两岸对接合作。

(1)加快平潭自由港建设

一是明确自由港定位。平潭要确立“蓝海战略”思维，要以中央所赋予政策为依据，突出以全岛自由港为特色的自由贸易区建设，而不是卷入当前所谓的自由贸易区排队申请之中。与此同时，要明确显示出自身在两岸关系中的特殊性以及与其他自由贸易区的差异性，以台湾示范区相关政策和做法为参照，制定与其类似的更大自由度的经济开放政策，尽量消除双方经济开放度的梯度落差，推进类似“前店后厂”运作模式，增强平潭吸引力和发展空间。

二是推进周边合作。加快平潭、江阴、长乐空港经济一体化，在“一岛两区”联动基础上，推展到整个福州市，形成平潭福州协作区，扩大平潭体量与功能，为平潭打造“前店后厂”模式建立有力基础，强化平潭对台示范区对接合作吸引力。目前提出的涵盖平潭、福州和厦门的“海西自贸区”则是希望在更广范围的区域进行整合与合作。

三是完善封关管理。要改变思维定式，加快推进封关工作进度，促进平潭从一般的海关特殊监管区升级为全岛自由贸易港。要充分利用封关效应，在大陆和台湾开展聚焦性的传播推广，打造新一轮平潭热。与此同时，要比照经济特区“更加特殊、更加优惠”的政策定位，将上海自由贸易区等优惠政策纳入新一轮平潭政策申请范畴，并争取政策落地。

(2)推进两岸对接合作

一是争取在平潭与台湾示范区之间互设办事处。尽快争取平潭与台中、台北、桃园等示范区达成协议，双方互设办事处，提高平潭与台湾示范区之间合作交流的效率与便利性。

二是尽快与台湾示范区互动拟定对接合作规划。根据台湾“六海一空一区”示范区的定位与特点，按照近远期对接合作设想，与台湾不同示范区分别开展对接合作沟通，建立战略合作联盟关系，研拟制定平潭与台湾各示范区对接合作的具体政策，并据此拟定相应的合作战略重点与实施规划。

三是加强和完善平潭与台湾物流通道无缝对接。平潭在进一步完善港口设施以及与内陆铁路、公路及空港链接设施建设的同时，要加快建设两岸先行先试的国际一流保税物流园区，形成完善的国际航线、国际分拨、国际物流和国际进出口贸易功能。加快与“六海一空一区”区域之间的海、陆、空通道的无缝对接，尤其是与已开通直航航线港口（台中、台北）区域之间开展实质性的业务沟通，建立适合双方合作的海关监管、检验检疫、退税、跨境支付、物流等支撑系统。

四是在平潭设立与台湾示范区合作专属区域。根据台湾“六海一空一区”示范区的合作定位与特点，通过对接联络沟通，加强与台湾方面港务公司合作，在平潭选定专门区域，探索与台湾示范区所在区域代表性组织开展整体合作对接。

五是开展跟踪研究不断深化对接合作机制与模式。台湾示范区第一阶段方案推行不久，第二阶段方案具体内容目前尚不清晰，福建省及平潭需要进一步跟踪信息，并深入开展相关研究，以不断深化和完善与台湾示范区的合作机制与模式，为未来在平潭与台湾示范区之间建立跨境贸易示范区开展先行先试。

5. 上海、广东、天津自贸区金融创新比较

随着全面改革开放的不断推进，金融领域的改革、开放与创新被摆到首要位置，天津滨海、深圳前海和上海自贸区都把金融领域的开放和创新作为重头戏，并各有特色和优势。天津滨海重在产业金融创新，深圳前海突出跨境金融业务创新，而上海自贸区则力求制度层面的金融创新。

5.1　天津滨海——重在产业金融创新

按照国务院批复的《天津滨海新区综合配套改革试验总体方案》的精神，天津市先后组织实施三轮金融改革创新计划，重点在金融企业、金融业务、金融市场和金融开放等方面进行了先行先试探索，在滨海新区初步建立起符合市场经济要求的金融组织体系、金融市场体系、金融监管体系和金融生态环境。

天津滨海新区的金融创新主要集中在于家堡金融区和东疆保税

港区，金融创新的内容则主要是支持产业发展的融资租赁和产业基金。

(1)融资租赁业发展全国领先

天津滨海新区的融资租赁业发展全国领先，抢占了发展先机，打下牢固的基础，已经形成国内租赁聚集区、最大的融资租赁信息交流基地以及人才培养基地。各路资本纷纷进军天津市融资租赁业，落户企业数量大幅增长。其中特别值得一提的是，继工银租赁、民生租赁、兴业租赁之后，中国金融租赁有限公司、邦银金融租赁也落户新区。这些融资租赁公司的注册资本规模较高，其中工银租赁的注册资本高达 110 亿元，兴业租赁注册资本 50 亿元，直接推动了天津市融资租赁业规模的拓展。融资租赁企业主要集中在东疆保税港区，东疆已发展成为我国最大最主要的飞机、船舶融资租赁集聚地。滨海新区在全国率先开展基础设施租赁、单机单船租赁、租赁合同登记及税收政策、司法政策试点，初步形成融资租赁的聚集效应和比较优势。在打造国内融资租赁集聚地的同时，滨海新区开始试水国际租赁市场。天津滨海新区发展融资租赁有助于推动航空、船舶、装备制造业的发展。融资租赁这种方式不仅可以为国内企业提供方便和优惠，还可以吸引国外客商到中国来采购飞机、船舶和所需机械装备，再配以相关政策，能直接推动国内飞机、船舶和大型装备制造业的内销和出口。

(2)产业基金助推重点产业发展

为助推重点产业的发展，加速现代制造业和研发转化基地形成，滨海新区设立了一系列产业基金，如注册资本金 2 亿元的渤海产业投资基金，开创了我国产业投资基金的先例，形成了直接投融资的新渠道；总募集额达到 200 亿元的国内首只航空产业基金，为滨海新区航空重大项目带来新的直接融资渠道；燕山飞机租赁基金，使滨海新区融资租赁、股权基金这两大优势叠加；船舶产业投资基金已经投资了 60 余艘国内外船舶，船舶总载重吨级超过 500 万吨。物联网产业基金、生物医药产业基金等各类专业产业基金为现代制造业和现代服务业提供了资金保障。同时，滨海新区在离岸金融业务、跨境贸易人民币业务以及外资独资消费金融等金融业务创新方面也获得较好的发展。

5.2　深圳前海——突出跨境金融业务创新

为成为未来珠三角区域的“曼哈顿”，规划中的前海合作区将侧重区域合作，重点发展高端服务业、发展总部经济，打造区域中心，并作为深化深港合作以及推进国际合作的核心功能区。

2012年3月，国家发改委正式印发《深圳前海深港现代服务业合作区产业准入目录》。该目录中金融业条目达23条，包括银行业金融机构，非银行金融机构、证券、保险、基金、要素交易市场、融资租赁、融资担保服务、离岸金融服务以及其他创新金融服务等内容，有力支持把前海打造成为我国金融业对外开放的试验示范窗口。金融改革创新是前海发展的重中之重。前海在离岸金融、跨境贷、内地证券公司投资港股等金融、资本市场方面进行试点和探索。利用毗邻香港的有利条件，深圳前海的金融创新突出地表现在跨境人民币贷款的发展方面。

(1)跨境人民币双向贷款

2012年，国务院通过深圳前海金融改革创新先行先试政策，支持前海在金融改革创新方面先行先试，建设我国金融业对外开放试验示范窗口。一是允许前海探索拓宽境外人民币资金回流渠道，构建跨境人民币业务创新试验区；二是支持设立在前海的银行机构发放境外项目人民币贷款；积极研究香港银行机构对设立在前海的企业或项目发放人民币贷款；三是根据国家总体部署和规范发展要求，支持前海试点设立各类有利于增强市场功能的创新型金融机构，探索推动新型要素交易平台建设，支持前海开展以服务实体经济为重点的金融体制机制改革和业务模式创新。

2012年12月27日，《前海跨境人民币贷款管理暂行办法》发布。按照该暂行办法的有关规定，在前海注册成立并在前海实际经营或投资的企业可以从香港经营人民币业务的银行借入人民币资金，并通过深圳市的银行业金融机构办理资金结算。金融监管部门对前海企业获得香港人民币贷款实行余额管理。2013年1月，15家经营人民币业务的香港银行与15家注册在前海的企业，就首批

26 个前海跨境人民币贷款项目举行了集体签约仪式，协议总金额约 20 亿元人民币。与此同时，建行、交行深圳分行与 3 家香港企业签署了 6.2 亿元人民币的境外项目人民币贷款协议。前海跨境人民币双向贷款正式启动。前海跨境人民币贷款期限由借贷双方按照贷款实际用途在合理范围内自主确定，贷款利率由借贷双方自主确定，一般在 3%~4%。此举惠及包括中小企业在内的众多企业，有助于进一步降低前海企业的融资成本。

(2)创新型要素交易市场建设

要素市场建设是前海金融创新发展的重要举措。目前前海合作区内已注册成立了前海股权交易中心、前海金融资产交易所、前海保险交易中心等 7 家要素交易市场。近期市政府又批准同意设立贵金属、矿石、红酒、游艇、电子产品、融资租赁、钻石珠宝等 15 家要素交易市场，其中绝大多数将在前海注册。要素市场的建立不仅有利于企业以更方便快捷的方式获得资源，而且能够优化资源配置，从长远发展来看，建设和发展创新型要素市场，有利于扩大中国市场价格的影响力和在国际市场上的定价权。

2014 年初，深圳市金融办批准前海股权交易中心和前海金融资产交易所开展小额贷款资产证券化创新业务，开展小额贷款同业拆借、短期融资凭证和收益权凭证等资产证券化创新业务试点，并将小额贷款公司的融资比例由此前注册资本的 50%提高到净资产的 200%。

2014 年 2 月，深圳市政府明确 2014 年前海改革时间表。上半年争取申请拓宽跨境人民币资金来源和适用范围，将放款主体扩大至境外金融机构；争取申请允许前海区内银行开立本外币自由贸易账户，并设立分账核算单元；允许前海银行业金融机构直接办理经常项下、直接投资的跨境人民币结算业务，跨境直投与前置核准脱钩；允许注册在前海的中资跨国海外业务总部开展外汇资金集中运营管理试点；申请率先在前海保税区开展国际贸易结算中心外汇管理和人民币管理试点。到年底，争取开展集团内双向人民币资金池业务；探索创新跨境贸易人民币结算方式；率先在前海设立合资证券公司、合资基金公司等金融机构；率先试行 QDII2；探索开展私募债、小贷资产证券化等人民币金融产品跨境交易；对跨境流动资金实行轧差管理；推动民资设立互联网金融机构等。

5.3　上海自贸区——力求制度层面的金融创新

2013年7月3日国务院常务会议原则通过了《中国(上海)自由贸易试验区总体方案》。9月底，上海自贸区正式挂牌。上海自贸区肩负金融体制改革和创新的国家使命，其金融创新目标是在更高层面上的金融制度创新，并且力求形成可复制、可推广的金融开放创新举措。

商业银行、非银行金融机构和类金融机构等各类型机构参与自贸区金融创新，体现了自贸区金融开放创新的丰富性和广泛性。截至2014年3月底，自贸区内集聚持牌金融机构52家，股权投资、融资租赁等类金融机构163家，金融信息服务企业178家，投资与资产管理企业1309家；合计达1702家，占新设企业总数的22%。

按照上述总体方案的要求，上海自贸区要推进金融领域开放创新，立足于服务实体经济发展、促进贸易投资的便利化，并按照先试先行、风险可控、稳步推进的原则，在加快金融制度创新、增强金融服务功能等方面，形成可复制、可推广的经验，发挥示范带动、服务全国的积极作用。

(1)建立金融开放创新的制度体系

上海自贸区挂牌以来，金融监管的“一行三会”先后出台51条金融支持自贸区建设的政策措施，如央行的跨境人民币业务、小额外汇存款利率放开等实施细则；银监会的支持离岸金融业务政策等。从制度层面看，目前已基本形成自贸区金融开放创新的制度框架体系，有关政策细则已陆续出台。很显然，相对于扩大市场、吸引投资、拓展业务等发展目标而言，制度创新是更高层次的目标，也是更加艰难的目标，进展较慢、效果不显著，也在情理之中。上海自贸区建设从一开始就强调要制度创新，而不是依靠政策优惠。这是发展目标上的更高的要求，目标要求不应排斥手段的支持。也就是说，上海自贸区进行制度创新实践，不应排斥政策优惠。不能认为上海自贸区要制度创新，要依靠制度创新取胜，就不给予政策优惠；相反，要实现更高、更艰难的制度创新目标，需要更多的政策手段的支持，也应该给予更多的政策支持。区别在于，政策优惠给予其他地区，要求其实现扩大市场、拓展业务等目标即可，而给予上海自贸区，则不仅要求上海自贸区实现拓展市场和业务等基本目标，还要实现制度创新的目标，而且还要总结出可复制的实践经验向全国其他地区推广。这是自贸区战略目标决定的。

(2)加快金融业务创新

紧随着金融监管部门最新的金融制度和金融政策，金融机构加快了金融业务创新的步伐。目前，第一批9个有特色的金融创新案例已经形成，主要集中在存款利率市场化创新、自贸区企业融资创新、自贸区支付结算创新、自贸区企业资金管理创新、自贸区对外直接投资创新和自贸区内金融机构集聚创新6个方面。其中比较突出和重大的金融创新有：率先实现了外币存款利率完全市场化；自贸区内中外资企业均可以举借境外人民币资金，从而放宽了借款主体资格限制，拓宽了企业举借境外资金的渠道；跨境人民币“双向”资金池的资金管理创新；简化股权投资企业跨境直接投资审批环节，以备案替代审批，等等。

下一步，上海自贸区将加快建设面向国际投资者的金融市场和金融服务平台，如上海证券交易所在自贸试验区内设立国际金融资产交易平台，上海期货交易所已在自贸试验区设立国际能源交易中心等。这些金融创新都是全国领先，将形成制度性改革和突破。

第五章　国外会计制度改革经验参考

1. 美国会计制度及其对我国的启示

美国作为世界经济第一大国，其会计制度也是国际会计制度的领先者，其会计体制改革的成功经验是很多国家借鉴的对象。在全球经济一体化的今天，我国企业会计制度面临很多问题，但是我国与美国存在着很多差异。诸如对汇兑损益的处理不同，对应收账款的坏账记提方法不同，对开办费的处理不同，对递延税款的处理也存在差异等。本节在研究美国会计制度改革的基础上分析我国应如何借鉴美国会计制度改革的成功经验从而确立我国自己的会计规范体系。

1.1　美国会计制度的特点

(1)会计制度的多样性

美国是一个有 50 个州的联邦制国家。每个州都有自己的立法机构，这些立法机构拥有广泛的权力，可以控制各自州界范围内的各种经营活动并征收税款；各个州负责自己州内授予注册会计师资格的事宜，各州授予资格的要求略有不同。正是美国的这种行政划分导致了各个州的会计制度的制定灵活多变，使得美国会计制度呈现出多样性的特征。这种因地制宜的会计制度建立方法使美国整体的会计制度具有相当的灵活性，相应地，会计实务操作更能适应当地企业的实际需要，满足各种信息使用者的各种需要。

(2)突出的行业自律约束机制

美国现有的会计准则是由 1973 年 6 月成立的财务会计准则委

员会(FASB)制定的。财务会计准则委员会脱离了美国注册会计师协会的直接领导，而归属于由六个职业团体代表所组成的“财务会计基金会”(Financial Accounting Foundation，FAF)。财务会计准则委员会设七位专职委员，这些委员均由财务会计基金会任命，因而具有较为广泛的代表性。可见，美国会计主要强调的是民间的自律约束机制，导致美国政府干预机制相对较弱，从而呈现出弱强制性。而这种弱强制性恰恰加快了美国会计制度改革的速度，使得美国会计制度准则能很好地迎合美国经济发展的需要，进而导致美国的会计准则在全世界范围内有很大的影响力。其“公认会计原则”也被视为会计制度制定的基础，比如我们现在使用的国际会计准则的制定主要就是以美国会计准则为依据的。

(3)会计监管体制上的政府监管与行业自律的新特性

2001年下半年，安然公司爆出财务舞弊事件，接着环球电讯、施乐、世界通信等一大批上市公司因会计违规而受到的指控不断见诸报端，导致美国发生了前所未有的会计诚信危机。针对这种问题，美国政府先后颁布了《公司与审计的责任、义务和透明度2002年法案》(简称3763号法案)、《2002年公众公司会计改革与投资者保护法案》(简称《公司改革法》)、《萨班斯—奥克斯利法案》(简称《SOX法案》)，以加强对会计行业的监管。上述法案要求建立由五人组成的公共监察委员会来监管会计行业，该委员会委员由美国证券交易委员会(SEC)与美国财政部、联邦储备委员会磋商后任命。该委员会负责监督上市公司审计时，所有会计师事务所为发行证券的公司出具的审计报告，都必须向该委员会备案。同时为了防止利益冲突，美国证券交易委员会还制定了一系列相关规定。诸如有关金融分析师的新规则；授权美国证券交易委员会不经法院审理就可以将有公司舞弊行为的人定为上市公司禁入者，禁止其担任任何上市公司的董事和高层管理人员；设立上市公司审计规则管理局，隶属美国SEC但应相对独立，其基本职能是对公司财务作假、审计规则运用有出入等行为进行监管，而且原来由民间制定会计准则的权力重新划归到审计规则管理局等。这些措施的建立使得美国的监管体制发生了根本性的变化，它在局限于完全的行业自律基础上形成了政府监管与行业自律相结合的新特性。这种新特性表现为一方面仍然要求行业自律，另一方面成立专门的机构对会计行业进行时时监督，二者相互结合形成了美国新的监管形式。我们国家目前同样存在着严重的会计信用问题，其表现形式与美国的相关事件具有相似之处，因此美国会计制度改革的这个新特性对我们有很重要的借鉴作用。

1.2　中美两国会计制度的差异分析

尽管美国会计制度改革有许多成功之处，但是中美会计体制上存在着诸多差异，这限制了我国对美国改革经验的吸收和借鉴。这些差异主要体现为政治、经济、法律、科教、自然、人文因素等方面的宏观因素差异以及企业管理体制、企业组织形式、企业生产经营规模、企业经营目标和方针、企业内部管理水平、企业领导和职工的会计意识等方面的微观因素差异。其中经济因素、法律因素和人文因素对会计的影响最为显著，同时也是导致微观因素产生的诱因。

(1)经济因素是直接影响会计发展的最重要的环境因素

会计理论的形成、会计规范的制定及会计实务的发展，其根源在于会计环境中的经济方面，也即取决于社会经济结构、经济体制、经济的发展程度和稳定程度、政府基本经济策略和重大经济政策、经济的开放度和国际化程度、经济组织现状、企业筹资体制、企业管理水平等因素。社会主义市场经济下的我国会计制度的优势和缺点比较明显。我国的会计制度在政府对市场经济运行的干预和管制的前提下，其优势是便于宏观经济调控和国内会计信息的可比性，弊端是制约了企业的积极性使其难以应对变化万千的经济环境。而美国采取宽松自由模式的优缺点与我国截然相反。

(2)法律因素是对会计发展具有直接影响力的因素

可以说，不同的法律制度造就了不同的会计体制。如德法等大陆法系国家的“立法会计”模式和英美等英美法系国家的“民间会计”模式就有很大的差异。美国属英美法系，没有专门的会计法，美国会计发展主要强调的是行业自律，只是在联邦立法和州立法有关法律中对会计问题做出相应规定。《1993 年证券法》、《1934 年证券交易法》是对美国会计影响最大的法律，并对会计信息的披露、保存会计记录等做出了相应规定。我国总体上属于大陆法系，因而目前我国会计总体上也属“立法会计”模式。我国《会计法》对有关会计内容进行法律规定，且《会计法》是制定一切会计法规制度的母法。《公司法》等其他法律虽然也有少量会计规定，但处于附属地位。根本体制的不同是导致中美两国会计发展出现差异的直接原因。

(3)人文因素是两国会计制度存在差异的根本原因

人文因素也称社会文化因素，作为会计宏观因素的一个重要方面，它是指一个国家或地区业已形成的社会秩序和公众长期积淀的传统思维习惯、价值观念、行为方式以及人们对经济、会计的传统态度和看法等因素。人文因素对会计的发展有着十分特殊和重要的影响，使得每个国家的会计模式在一定程度上反映出该国特有的历史、文化、社会等方面的国家的、民族的特色。在我国，长久以来形成的民族文化决定了我们主张国家、民族、集体利益高于一切，强调社会价值的实现，集体主义观念深入人心。由于长期受封建传统思想的影响，民众对上下等级、长幼排序更是泰然视之，人们对现存社会秩序容易接纳。人们对不确定、不明朗因素反应较强烈，习惯于按规范行事，讲究中庸之道。这就影响了我国对其他国家文化主动借鉴的魄力，而美国是一个开放性的国家，民众对不确定、不明朗因素反应较弱，善于接受新生事物和有差异的因素，人们注重成就感、英雄感、决断能力和物质上的成功，他们有着很强的借鉴能力。

1.3 美国会计制度改革的成功经验对我国的启示

(1)加强我国注册会计师行业自律

美国的注册会计师行业自律监管模式之所以能维持几十年不动摇，关键在于市场中的制衡力量在规范行业行为中真正起着决定性作用，政府监管只是一个重要的辅助措施。当然，制衡力量要切实发挥作用，还要有良好的制度与环境为前提，包括无限责任合伙人制度、以质量和公信力为标准的竞争环境以及独立的司法制度。而自律监管模式难以为继的原因，也正在于市场中的制衡力量不能切实发挥作用。目前，中国会计师事务所的业务承接往往是由行政权力决定的，立业的基础是权力而不是诚信，质量的竞争也就变成了权力的竞争。人们不再有动力去提高执业质量，再加上司法力量的缺失、市场制约力量薄弱，监管的重任只好由政府来承担了。但是，对于会计行业来说，政府管制机构处理会计专业信息的效率远远不如市场机制。更重要的是，我国的管制机构与会计师事务所之间有着密切的利益关系，既像是其上级主管，又像是其股东。谁又来监督监管者呢？从美国的会计制度改革来看应当加强我国的注册会计师行业自律，同时要保持适当的政府介入，这是我国会计制度改革的一个势在必行的措施。

(2)会计事务所从事的审计和非审计业务应逐渐分离

美国会计制度改革的一个重大举措就是限制会计师事务所同时从事审计和咨询等非审计业务。不可否认，这对减少会计师事务所参与上市公司造假的机会与概率提供了制度上的保证。但这种方法是否可行，我国目前有没有必要效仿美国的这一做法？美国监管体制变化是因为会计事务所的审计与非审计业务混淆，使得事务所的主体不清，使得美国会计行业的诚信度下降。而我国的会计事务所长期以来也是审计与非审计服务相混淆的。这种现状目前已经暴露出其存在很大的弊端。第一，审计与非审计业务相混淆容易造成事务所在审计主体上发生错位；第二，审计与非审计业务的混淆导致事务所主体业务与非主体业务倒置；第三，从世界范围来看，各国对注册会计师非审计服务的监管政策也表现出较大差异。

国外的改革措施对我国的会计制度改革带来深刻的启示，我国会计事务所的审计业务与非审计业务应该在适应市场经济发展的基础上逐渐地进行分离，规范会计市场和审计市场，最终形成独立的审计机构和独立的会计服务公司，根据二者不同的职能，确立不同的经营内容。

(3)不断加强和完善会计准则是规范会计体系的主要手段

美国会计准则的制定是以经济发展为前提，但是这种情况下制定的会计准则过于复杂与繁琐，虽然对会计估计和会计判断提出了较多的数量标准和判断标志，但企业仍可以通过精心策划"业务安排"和"组织设计"来绕过规则的束缚，并利用会计信息的复杂性掩盖经济实质。因此，对于会计准则的完善应注重经济事项的实质，而不是形式上的细微差别，在涉及公司具体实际时，应强调实质，允许在准则约束的框架下进行合理的专业判断。此外，还应该简化会计披露模式、裁减冗余信息、对核心信息增大披露频率以及简化整个会计披露模式。这些对于我国的会计制度改革都具有极其深远的借鉴作用[15]。

2. 日本会计制度及其对我国的启示

日本是我国最重要的贸易伙伴之一。在与日本进行经贸往来的同时，关注其独特的会计发展模式，研究和借鉴日本会计制度发展中的可取之处，将有利于我国会计的国际化进程，对我国会计制度建设也有着非常重要的借鉴意义。

2.1 日本会计模式

2.1.1 日本会计的经济与法律环境分析

日本在第二次世界大战之后迅速崛起，经济发展水平较高，实行的是建立在生产资料私有制基础上的资本主义市场经济。这其实是一种混合市场经济模式，它一方面通过制定产业政策维护国家利益，另一方面通过建立资本市场来促进私营企业发展和企业之间的竞争，以建立市场经济体制。再加上日本证券市场较发达，股份公司在国民经济中发挥着重要作用。这就决定了日本会计在为宏观经济管理服务的同时，注重维护私人资本的利益，强调会计信息的真实性和实用性，具有较强的企业利益导向。

战后，日本政府管理社会经济的思路主要是：首先，国家的任务主要是为整个社会经济的正常运转创造框架条件，而不是直接从事经济生产活动；其次，针对资本主义生产资料私有制和自发的市场竞争所必然带来的三大弊病（经济的周期性波动、经济结构的不协调以及社会的极大不公)以及资本主义国家之间的种种矛盾冲突，力争加以缓和。据此，日本提出了三个层次的社会经济政策目标：第一层次是社会政策目标，即所谓个人自由和社会和谐，这一目标可以称为最高目标；第二层次是经济政策的一级目标，包括经济自由、社会保障和社会公正；第三层次是经济政策的二级目标，这里指通货币值稳定、充分就业、经济适度增长、国际收支平衡和公平分配等。

日本会计的法律环境也有自己的独特之处。众所周知，日本是一个善于吸收外来文化、善于创新的国家。明治维新以后日本开始了建设现代国家的道路，放弃了闭关锁国政策。1890 年制定的《商法》深受德国的影响，第二次世界大战以后又开始向美国学习，1948 年参照美国《1933 年证券法》和《1934 年证券交易法》，制定了《证券交易法》，1949 年参照美国的《会计原则》制定了《企业会计原则》，加上 1947 年修订的《法人税法》，构成了以《商法》为中心，辅之以《证券交易法》和《法人税法》的“三法体制”的会计制度。但《商法》采用德国模式、《证券交易法》采用美国模式，从而其会计目标便具备了既保护债权人利益又保护投资人利益的双重特性，形成了基于法律规范的、由商法会计、证券交易会计和税法会计构成的会计制度体系，包括会计原则方面的会计制度、商法方面的会计制度、证券交易法方面的会计制度、税法方面的会计制度和会计职业方面的会计制度五个方面。

2.1.2　日本会计制度的特征和会计管理机构

随着客观环境的变化和会计国际化大趋势的影响，日本开始重视会计准则的国际协调，其在 20 世纪末进行的几项重大的会计改革，都是日本会计向国际会计准则和美国会计准则靠近的体现。如合并报表的编制中对子公司的金融商品和资本从成本法转为时价法进行计价；对商誉的摊销年限由不超过 5 年延长至 20 年等。另外，为了适应会计准则国际化的需要，日本于 2001 年 7 月设立了财务会计准则基金会和财务会计准则理事会，具体负责制定会计准则和会计实务指南。更值得一提的是，日本在会计国际化的进程中，特别注重从本国的实际出发，在对待本国经济环境与国际会计准则产生背景不同的一些特殊问题时，以解决本国的实际问题为重。

日本政府在会计工作管理中发挥着重要作用，其主要的会计工作管理机构就是金融厅。金融厅是日本内阁府的一个外局，是日本金融行政监管的最高权力机构，全面负责有关金融制度的计划、企业会计的管理等工作。金融厅下设金融审议会、汽车损害赔偿责任保险审议会、公认会计审议会、企业会计审议会、股票估算委员会、证券交易监督委员会六个专门委员会。其中，企业会计审议会原是日本唯一的会计准则制定机构，具有较高的权威性。2001年日本成立了由民间团体制定会计准则的最高权力机构——财团法人财务会计准则委员会（FASF），其下设日本会计准则委员会（ABSJ），主要目的在于：（1）与国际会计准则理事会（IASB）保持适当合作，对国际财务报告准则的制定做出贡献，并积极对外发表日本的见解；（2）结合日本的会计准则理论研究，制定能够迅速、准确反映实践需要的会计准则和实务指南，在构建市场经济的游戏规则中发挥主导性作用。但原先的准则制定机构“企业会计审议会”仍然存在，会计准则委员会制定的会计准则是否具有法律效力至今尚不明确。日本现在处于企业会计审议会向日本会计准则委员会过渡时期。证券交易监督委员会下设的事务局负责证券行业的检查、协调和调查工作。

2.2 日本会计制度对我国的启示

会计制度应该是一个开放的系统，随着环境的变化能够及时加以补充和完善，这样才能有助于国家根据世界经济环境的变化及时调整，加快会计国际化的进程。

首先，构建合理会计模式，创造和谐会计文化。日本在制定会计准则时突出强调以下几点：一是企业会计履行社会责任的首要内容是向管理当局提供决策有用的信息。二是企业会计履行社会责任的直接外在表现是为广大会计信息使用者提供真实可靠的会计信息。三是遵守法律法规，做到及时向社会公布企业会计信息，保证经济活动的公开和透明。四是把会计文化的发展同造福人类、保护环境、建立循环型社会统一起来。日本会计模式通过强化共同体意识、积极倡导履行社会责任等，为会计发展创造了和谐的社会环境和文化氛围。目前，我国会计准则正在与国际准则趋同，也正在倡导公平正义的和谐经济社会环境，因此，日本会计模式对我国制定与实施新的会计准则与会计制度建设以及构建和谐会计文化具有深刻的启迪意义。

其次，逐步推进会计改革，完善会计法律体系。我国的经济体制正处于转轨时期，实现转换到位还需要经历较长的历史过程。我国具体会计准则的制定与颁布涉及经济改革中更广和更深的层面，并触及包括财政、税收及国际经济协调在内的许多重要而具体的问题。改革开放以来，我国制定了很多与会计相关的法律制度，但这些法律规范与其他法规之间有所失衡。除《会计法》作为母法专门对会计进行规定外，《公司法》和《企业所得税法》等也对会计有所规定，但内容和详细程度都不如日本的《商法》和《公司法》。我们应该借鉴日本"会计法典化"的做法，构建完善的会计法律体系。

最后，弘扬民族优秀文化，提高民族诚信意识。从历史的角度看，日本的许多优秀传统如为人谦恭、谨慎、集体主义精神、恪守纪律等均是源自中华民族博大精深的优秀文化。在会计改革过程中，我们要不断弘扬民族的优秀文化，提高民族的诚信意识，突出会计人员的诚信教育，使会计人员不仅有一流的专业知识，更要具有一流的道德水准和诚信意识[16]。

3. 新加坡会计制度及其对我国的启示

新加坡地处国际交通要道马六甲海峡，具有得天独厚的地理位置。它的人口也极具特色，即对移民的极端依赖以及这些移民区别于腹地土著人口的显著民族特性。这种差异性使得新加坡成为"也许是世界上最具世界性的地方"。在这样的环境下，新加坡的经济发展先后经历了自由港、特产港及工业化阶段，并且是迄今世界上唯一的一个让跨国公司完全支配国民经济并依靠外国投资成功实现了工业化的国家。经济发展的独特性和外向性使得新加坡会计具有许多不同于其他国家的特点。本节拟从新加坡的会计法规体系及会计职业发展两个方面简要介绍其基本结构和近几年的变化，并简要谈谈其对我国会计的启示。

3.1 新加坡会计法规体系的结构及特点

3.1.1 《公司法》对会计组织工作及财务报告的要求

新加坡的《公司法》里规定了对公司财务会计和报告的要求，并且强调会计报告的真实与公允。民间机构在遵循《公司法》规定的基础上制定会计准则。《公司法》于1967年制定，之后经过多次修改。经过2004年的修改后，《公司法》一共12章，411条，11个时间表(Schedule)。其中第6章是关于会计和审计法规的内容，其主要内容包括以下几点：

(1)各公司都必须设立会计账簿，记录公司交易事项和真实与公允地报告财务状况；建立有效的内部控制制度以确保其所提供的财务信息的真实性；合法保存各种会计资料，方便取阅和审计；账务处理和报表编制要遵照会计准则的规定。

(2)每个公司必须在会计期末编制损益表和资产负债表，并于股东大会前4个月(上市公司)或前6个月(其他公司)编制完成。此外，拥有子公司的公司还必须编制合并报表。会计报告必须保证真实与公允。会计报表必须由2个以上负责董事签字，并应在不晚于股东大会召开前14天的时间内予以审计。尽管《公司法》没有规定会计报表的具体格式，但对其内容做了一定的要求。

(3)上市公司都必须设立1个内部审计委员会，由董事会选举产生，成员不得少于3人，且执行董事及其亲属或与其相关联的人均不能担任内部审计职责，以免影响内部审计委员会的独立判断。

(4)对董事及其他人员不遵守《公司法》甚至有意触犯法律的行为规定了相应的罚则。

(5)公司董事必须在公司注册后3个月内聘请审计人员承接公司的审计工作，直至第一届股东大会的召开。以后每届股东大会都必须重新聘请审计人员。《公司法》还对一些可以免除审计责任的情况作了规定。

3.1.2　会计准则的制定过程与特点

(1)会计准则的制定过程

新加坡会计准则的制定经历了3个阶段：第一阶段是建国前后到1987年。1963年，新加坡成立了会计协会，开始有了专门机构负责制定会计准则，但这时期基本上是沿用英国的会计准则和新西兰的部分会计准则，因而它的会计准则没有反映当地经济环境的状况。第二阶段是1987年到2002年。1987年，新加坡实行重大会计改革，取消了会计协会，成立了注册会计师协会，由其下设机构——会计准则委员会负责制定会计准则，称作"会计准则说明书"(Statement of Accounting Standard，SAS)。新加坡由此开始了根据本国的经济情况并以国际会计准则为蓝本制定会计准则的时期。第三阶段是2002年至今。2002年，新加坡修订了《公司法》，并依据该法的条文，于同年8月16日，成立了一个新的委员会——公司披露与治理委员会，由它取代注册会计师协会负责制定与发布会计准则及准则解释。它所制定的会计准则称为"新加坡财务报告准则"(Singapore Financial Reporting Standards，FRSs)，是根据国际会计准则理事会(International Accounting Standards Board，IASB)发布的国际财务报告准则(International Financial Reporting Standards，IFRS)制定的，与IFRS极其相似。

(2)会计准则的执行要求

FRSs是由《公司法》强制执行的，要求所有在新加坡注册的公司，且财务年度从2003年1月1日开始的必须采用FRSs，并鼓励其他公司尽早使用。并且，财务报告准则解释(Interpretations of Financial Reporting Standards，INT FRSs)与FRSs具有同样的法律效力。由法律强制执行是FRSs与SAS的一大显著区别。在内容上，FRSs和SAS并没有太大的区别，在被修订、删改以前，SAS仍然有效。

(3)会计准则的现行结构

自制定以后，FRSs及其解释经过了多次修改。经2004年的修订后，目前有效的FRSs有35条，INT FRSs有12条。FRSs包括前言(Preface)、概念框架(Framework)和具体准则。35条具体准则为：FRS1——财务报表的列报（Presentation of Financial Statements）；FRS2——存货（Inventories）；FRS7——现金流量表（Cash Flow Statements）；FRS8——会计政策、会计估计和会计差错变更（Accounting Policies，Changes in Accounting Estimates and Errors）；FRS10——资产负债表日后事项（Events after the Balance Sheet Date）；FRS11——建造合同（Construction Contracts）；FRS12——所得税（Income Taxes）；FRS14——分部报告（Segment Reporting）；FRS16——财产、厂房和设备（Property，Plant and Equipment）；FRS17——租赁（Leases）；FRS18——收入（Revenue）；FRS19——职工福利金（Employee Benefits）；FRS20——政府捐赠会计及政府援助的揭露（Accounting for Government Grants and Disclosure of Government Assistance）；FRS21——外汇汇率变动影响（The Effects of Changes in Foreign Exchange Rates）；FRS23——借款费用（Borrowing Costs）；FRS24——关联方揭露（Related Party Disclosures）；FRS25——投资会计（Accounting for Investments）；FRS26——退休金会计与报告（Accounting and Reporting by Retirement Benefit Plans）；FRS27——合并报表和个别报表（Consolidated and Separate Financial Statements）；FRS28——联属公司投资（Investments in Associates）；FRS29——恶性通货膨胀经济环境下的财务报告（Financial Reporting in Hyperinflationary Economies）；FRS31——合营公司权益（Interests in Joint Ventures）；FRS32——金融工具：揭示与披露（Financial Instruments：Disclosure and Presentation）；FRS33——每股净收益（Earnings per Share）；FRS34——中期财务报告（Interim Financial Reporting）；FRS36——资产减损（Impairment of Assets）；FRS37——备抵、或有负债和或有资产（Provisions，Contingent Liabilities and Contingent Assets）；FRS38——无形资产（Intangible Assets）；FRS39——金融工具：确认和计量（Financial Instruments：Recognition and Measurement）；FRS41——农业（Agriculture）；FRS101——首次采用财务报告准则（First-time Adoption of Financial Reporting Standards）；FRS102——股权支付方式交易（Share-based

Payment)；FRS103——企业合并(Business Combinations)；FRS104——保险合同(Insurance Contracts)；FRS105——准备出售的非流动资产和停止经营(Non-current Assets Held for Sale and Discontinued Operations)。以上35条准则除FRS36(资产减损)、FRS38(无形资产)、FRS103(企业合并)3条自2004年7月1日起生效外，其余32条均自2005年1月1日起生效。

(4)认同全球公认的会计准则

新加坡允许采用全球公认的准则，例如美国的一般公认会计原则(General Accepted Accounting Principles)。对于双重上市公司(国外上市公司到新加坡上市，或新加坡上市公司到国外上市)，如果这类公司被国外交易所要求采用不同的准则，只要这些准则在新加坡证券交易所(the Singapore Exchange)允许的范围内，公司披露与治理委员会允许它们不采用FRSs。这样做是为了避免准则间的调整成本，创造良好的投资环境。对于未上市的公司，在特定情况下，经公司注册局(Registry of Companies and Businesses，RCB，现已被撤销，其各项工作由ACRA继承)许可，它们可使用新加坡证券交易所允许的会计准则。

3.2　新加坡会计职业团体的发展及管理

1963年，新加坡成立了会计协会(Singapore Society of Accountants，SSA)，才有了专门的会计职业团体，从此其会计发展进入一个新的时代。在随后的发展历程上，新加坡会计职业团体经历了3次大的变革。

(1)1987年会计行业管理方式的改革

1987年，新加坡实行了会计行业管理方式的重大改革，提交审议了《会计师法》(*The Accountants Act*)，于1989年正式实施。《会计师法》是新加坡注册会计师行业的“宪法”，按照该法规定，取消了SSA，成立了公共会计局(Public Accountants Board，PAB)和注册会计师协会(Institute of Certified Public Accountants of Singapore，ICPAS)。PAB和ICPAS构成了新加坡注册会计师行业管理的两个层次。

PAB 的成员由财政部长任命，直接管理注册会计师考试、公共会计师的注册登记和颁发证书、会计公司的设立审批、公共会计师的调查惩戒、制定注册会计师行业规则等具有行政权力的事项，可将其视为政府授权行使行政权力的社团法人。

ICPAS 成立于 1989 年 2 月 11 日，由会员选举产生的理事会主持工作，只负责会员资格的确定，会员职业行为规范的确定，会计职业的培训、教育与推广等事宜，完全是一种纯粹民间性的社团法人。而且，如上文所述，ICPAS 还负责制定会计准则。

(2)2002 年会计准则制定组织的改革

根据 2002 年 7 月 8 日修订的《公司法》，新加坡财政部于 2002 年 8 月 16 日成立了公司披露与治理委员会(Council of Corporate Disclosure and Governance，CCDG)，由它取代 ICPAS 的会计准则委员会负责制定会计准则(FRSs)。除了制定会计准则，CCDG 的主要职责还有在评价本国现有准则及借鉴国际先进经验的基础上，完善披露和报告准则框架，监督上市、非上市公司的披露情况，并负责向政府提出改进建议；负责完善公司治理准则(Code of Corporate Governance，CCG)，以保证其相关性和有用性。CCDG 由《公司法》赋予其权力，其主席由财政部任命，其所制定的财务会计准则(FRSs)由《公司法》强制实施。目前 CCDG 委员会的成员有 15 名，分别是来自商界、职业界、学术界和政府的代表。CCDG 由《公司法》确定其法定地位及其成员代表的广泛性是其与前会计准则制定机构 ICPAS 的显著区别。

(3)2004 年会计职业监管模式的改革

安然事件等会计丑闻的频频曝光，促使各国政府都开始重新审视注册会计师的监管模式。正是在这样的背景下，新加坡在 2004 年对《会计师法》进行了重大修改(下文称修改过的《会计师法》为《2004 会计师法》，以示区别)，并颁布了《会计和公司监管法》(*the Accounting and Corporate Regulatory Act*)，对国内会计职业团体进行了重组。修改的法案及新颁布的法案均于 2004 年 4 月 1 日起开始生效。根据《2004 会计师法》，撤销 PAB。又依据《会计和公司监管法》，将原 PAB 机构和公司注册局(Registry of Companies and

Businesses，RCB)合并，成立会计和公司监管当局(Accounting & Corporate Regulatory Authority，ACRA)。PAB 和 RCB 的各项工作由 ACRA 继承。ACRA 的成员包括 1 名主席，10 至 15 名其他成员，所有成员均由财政部长任命。其主要职责有：管理公共会计师的注册、会计公司设立的审批；控制和规范公共会计师、会计公司的职业行为；执行《2004 会计师法》规定的法律条令等。根据《2004 会计师法》，为了履行其职责，ACRA 经财政部允许，下设公共会计师监管委员会(Public Accountants Oversight Committee，PAOC)，PAOC 的成员从 ACRA 中产生，其中必须包括 1 名公共会计师。PAOC 协助 ACRA 履行其职责，具体包括：管理公共会计师、会计公司的注册；安排公共会计师的考试、后续教育与培训；协助 ACRA 制定公共会计师的职业准则、方法、程序等。

根据《2004 会计师法》及修改过的《协会法》(the Societies Act)，ICPAS 由一个法定的团体改组为一个非法定性的会计职业协会。改组后的 ICPAS 仅仅是，而且是唯一的一个会计职业组织的联合协会，它将致力于促进会计职业组织的团结，提高职业水平，维护会计职业组织的利益，提升会计职业组织的形象。纵观新加坡会计职业界的历史演变，其会计准则从由民间组织制定、依靠职业界的影响来实施发展为由各界人士组成的专门机构制定、并由法律保障强制实施；对会计职业界的监管，从行业自律发展为政府监管，这其中的变化无疑反映了世界会计事业发展的趋势。

3.3　新加坡会计改革对我国的启示

新加坡近几年的会计改革，体现了 21 世纪以来加快会计国际化进程、加强公司治理、加强对会计职业界的监管等一系列主题。面对国际经济形势的发展变化，新加坡在会计领域迅速做出了反应，以迎接全球市场变化的挑战，满足经济发展的新要求。从新加坡的会计改革中，我们可以得到以下几点启示。

(1)提高面对国际经济形势的变化发展迅速做出调整的能力，加快会计准则的国际协调进程。新加坡是一个开放型的国家，一直以来能够对国际经济的变化及其所带来的新的国外需求做出迅速的反应。例如，其会计准则的制定一直紧跟国际会计准则制定的步伐。2001 年 IASC 正式改组为 IASB，在准则的组织架构、准则的称谓等方面都有变化。在这一背景下，新加坡于 2002 年就对其准则制定机构进行了改组，在准则制定程序、机构成员及准则称谓等方面做了相应的改善。虽然我们不可能也没必要像新加坡那样完全追随着国际准则，但迅速的调整不仅可以及时消除现存问题带来的影响，而且能够防患于未然。这一点是值得我们借鉴的。现在，我国入世缓冲期即将结束，大量的外国公司将会涌入我国市场，我国企业也会更多地参与国际交易。市场的融合使得我国会计准则的国际协调显得越来越紧迫。会计准则的国际协调事业对改善我国投资环境，融入世界市场具有举足轻重的作用。

(2)应允许特定公司使用全球公认的会计准则。在会计准则的国际协调进程中，我国经常遇到国际惯例和本国特色的矛盾。国情的特殊性不允许我们全盘接受国际惯例。在当前的形势下，我们可以尝试通过另一种途径，即允许特定的公司在特定的条件下使用全球公认的会计准则来解决这个矛盾。这样既能够加快我国会计准则国际协调的步伐，也可以改善我国的投资环境，顺应经济发展的要求。

(3)会计准则的制定成员应当具有广泛的代表性。会计准则一般是由会计职业人员来制定，这就使得会计准则更多地代表了会计职业界的观点。当今的经济环境已发生了重大的变化，要求会计准则能够体现多方面的利益。新加坡的准则制定机构从 ICPAS 变为 CCDG，其中一点就是基于前者在这方面的局限性。现在的 CCDG 委员会成员就包括来自各界的代表。而我国的会计准则由财政部制定，同样存在着代表性的局限问题。应结合我国自身的情况，纳入各界的代表参与制定准则，以增强准则的适应性。

(4)改善对注册会计师的监管模式。我国目前对注册会计师的监管依然采取行业自律模式，但较之以前有所改变。财政部于 2002 年 11 月 15 日发文终止委托中国注册会计师协会行使的行政管理职能(财政部曾于 2000 年 8 月 17 日在《关于印发〈财政部各司职责范围暂行规定〉的通知》中，委托中国注册会计师协会行使行政管理职能)，将涉及的行政管理职能收归财政部。中国注册会计师协会仍负责行业自律管理，主要包括：拟定执业规则；会员注册及管理；组织考试和继续教育；对会员进行监督检查和内部惩戒等。与新加坡相比，我国在监管模式上前进的步伐并不大。在目前的形势下，行业自律模式在我国仍有其存在的空间。但随着资本市场的发展以及入世引起的与世界市场融合速度的加快，我们应对注册会计师的执业情况保持高度的警惕，及时发现并纠正监管模式中出现的问题，以建设一个良好的投资环境[17]。

4. 英国会计制度及其对我国的启示

4.1　英国会计法规体系的主要内容

公司法是会计制度的主要法律依据。英国的第一部《公司法》诞生于1844年，现行《公司法》制定于1948年，修订于1985年。英国议会根据欧共体第7、第8号指令的要求，1989年对1985年《公司法》再次补充修订完善。《公司法》对账簿报表的格式及公布保管、会计持续经营、审慎性、采用应计制以及保持收入与支出的配比等基本原则、"真实与公允"观念及其贯彻、资产计价的基础、报表审计等均作出规定。但是这些立法除对财务报告提出"真实与公允"的要求外，并没有具体的会计处理办法和规定。为此，1942年英格兰和威尔士特许会计师协会开始发布一系列的会计原则建议。

行业自律是通过会计职业界自我约束的各种方式对会计实务和会计职业界本身进行管理。其中最主要的是会计职业界在《公司法》框架内制定的会计准则。英国的会计准则包括会计准则委员会(ASB)发布的"财务报告准则"和尚未被替代的"标准会计实务公告"。英国的会计准则不具有法律地位，但是由于"标准会计实务公告"和"财务报告准则"构成的会计准则得到了《公司法》的支持，并对《公司法》中的有关会计规定起到了补充作用，因而具有权威性。所以《公司法》和会计准则共同规范了英国的会计核算原则和主要核算方法。遵循会计准则的规定通常被视为财务报表反映内容符合“真实与公允”的基本要求。

4.2　英国会计法规体系特点及环境影响分析

(1)英国属于盎格鲁—撒克逊会计体系

盎格鲁—撒克逊会计体系可以明确地与欧洲大陆、拉丁美洲、亚洲以及世界上其他国家或地区的会计区分开来，盎格鲁—撒克逊会计信息披露的透明度较高。与其他国家集群会计相比，英国会计信息披露公开性较强，主要体现在：一是强调提供与投资人决策相关的信息。在提供与投资决策相关的数据方面，英国的公司与美国公司的态度非常相似。在第 3 号财务报告准则“财务业绩报告”颁布以前，英国关于非常项目的会计处理独具特色，被认为是“创造性会计”的典型表现。企业中断经营或出售固定资产产生的损益以及重组的有关成本等都被视作非常项目，列在收益表中净利润的下方。在这种情况下根据净利润计算出来的每股收益下包括非常项目产生的影响。第 3 号“财务业绩报告”准则的出台与实施，使英国对每股收益的理解与其他国家(如美国)趋于一致，即以收益表最后一行的利润数为基础计算每股收益。可见英国公司对外提供的会计信息中，与投资人利益相关的信息非常全面，因此体现着对投资人利益的关注。二是将“真实和公允”作为判断会计信息的重要标准。“真实和公允”一般认为是指以诚实的态度披露所有真实的、可信的重要信息，不隐瞒或忽略重大事实；必要时可超出规定要求披露有关细节。英国会计信息系统的主要特点是重视“真实和公允”。英国会计的立法依据主要是《公司法》，1948 年颁布的《公司法》为英国会计模式奠定了重要的基础，不但规定了公司(包括公开招股和不公开招股)必须公布资产负债表和损益表，而且第一次提出关于财务报表和会计信息披露的指导思想——真实与公允的观点。其后英国一直强调企业全部账目应按“真实与公允”的观点予以提供。

(2)众多的会计职业团体及会计准则渐进漫长的制定过程

直到第二次世界大战，英国的会计实务完全是在法律的支配下由会计师作出职业判断。最早研究英国会计准则的是20世纪30年代中期的民间团体“会计研究会”，其后由“英格兰和威尔士特许会计师协会”(简称ICAEW)继续进行。1969年，ICAEW发表70年代会计准则设想的声明，并于1970年创立“会计准则筹划委员会”(简称ASSC)。同年，“苏格兰特许会计师协会”和“爱尔兰特许会计师协会”成为该委员会的成员；“注册会计师协会”、“成本与管理会计师协会”以及“财政与会计特许协会”也先后加入该委员会。1976年2月成立的“会计职业团体顾问委员会”(简称CCAB)成为上述主要会计团体采取共同行动的联合组织。随之“会计准则筹划委员会”改称“会计准则理事会”(简称ASC)，其制定的会计准则称为“标准会计实务公告”(简称SSAP)，于1971年开始发布。“标准会计实务公告”既反映了应当吸收的联合王国和爱尔兰共和国的法律规定，又考虑了国际会计准则的要求。会计准则理事会(ASC)1990年8月为“会计准则委员会”(简称ASB)所取代。“会计准则委员会”制定的会计准则称为“财务报告准则”(简称FRS)。

(3)英国是最先建立现代意义上会计职业团体的国家

基于殖民时期的广泛的商业贸易，英国的会计方法通过英联邦及其范例，对世界各国早期的会计实务有着深刻的影响。尽管随着英帝国的衰落以及国家间剧烈的竞争，英国目前正面临新的挑战，但不容置疑英国有着丰富的会计思想。1973年，英国加入了欧洲共同体。作为欧盟的成员国，必须遵守相应的法规。如欧盟发布的第4、7、8号指令都是有关会计审计协调的专题规定。欧盟在成员国会计协调问题上的积极举措无疑将影响英国会计未来的发展方向，使其逐渐向欧洲大陆模式靠拢。

(4)英国对其他各国会计实务产生多方面的影响

因公司集团数量众多由来已久，英国的合并报表实务在西方各国始终占据领先位置。同样原因，以英国为基地的跨国公司数量大，外币投资和交易的业务量巨大，外币折算方法和实务发展得比较早。通货膨胀率居高不下，易让人们对历史成本会计基础产生怀疑，并促使人们去尝试各种形式的物价变动会计。如除商誉以外的长期资产都可按现行成本重新估价，标准会计实务曾经要求公司报告现行成本会计信息。目前这个强制要求虽然已改为自愿披露，但还有一些公司自愿公布现行成本信息。

(5)由民间组织自行管理的会计职业管理体系

英国的会计职业管理是民间机构自律管理。目前英国主要的民间会计职业组织可以分为两类。一类为行使独立审计职责的职业会计师组织。包括三个得到英国皇家授权的特许会计师协会——英格兰和威尔士特许会计师协会、苏格兰特许会计师协会、爱尔兰特许会计师协会和一个注册会计师协会——英国特许公证会计师公会。另一类为不行使独立审计职责的职业会计师组织——管理会计师协会、财政与会计特许协会。上述职业团体的专业考试和资格要求由每个团体各自负责。并共同组建了"会计团体协商委员会"。会计团体协商委员会在1990年之前曾下设会计准则委员会，负责英国的会计准则。1990年以后，由独立于会计职业团体的新会计准则委员会负责制定准则。会计团体协商委员会现在下设审计实务委员会，负责制定审计准则。

4.3 英国会计法规制度对我国会计改革与发展的启示

(1)加快建立与健全以会计准则为主要内容的会计法规体系

由财政部制定会计准则并通过行政法规的形式予以发布，是我国最现实的选择。会计准则由谁制定以及属于何种性质，关键取决于环境因素。准则制定过程中还应再进一步吸收会计和财政以外的企业界、统计、税务、银行与证券等各界意见，从而使其充分考虑各方的情况，真正获得全社会认同并具有高度权威性。目前在整个会计法规体系中，应将精力集中于法律规范和准则规范；各企业要逐渐习惯制定适应自己的会计制度。在其他规范形式方面，应成立由企业会计人员组成的自律性组织，由其制定全社会统一的职业道德规范，并采取措施保证实施。

(2)加强与国际会计协调

在制定我国会计法规时，要与国际会计法规相协调，其目的主要是满足我国经济与国际经济接轨的需要；提高我国在国际经济活动中的地位；促进我国会计改革的健康发展。会计改革既要考虑我国的社会、历史、经济、文化等背景，也要借鉴发达国家法制建设的先进经验。但这并不意味着可以全盘照搬发达国家的法律法规，而应根据我国国情和经济发展需要，有选择地借鉴，以符合经济改革和对外开放的需要。注意要坚持以有利于我国经济发展为基本原则；坚持科学性和实用性相结合的原则；坚持以我为主，保持我国会计法规体系的中国特色。还要根据会计法规具体内容掌握吸收、扬弃和批判等不同方法，不断使我国的会计法规与国际会计法规相协调，更好地适应当前经济发展的需要。

(3)重视发挥职业组织的积极作用

英国《公司法》明确要求公司应根据会计准则“真实和公允”地编制财务报表；为了达到“真实和公允”，在会计确认、计量和报告中需要特别依赖会计人员的独立专业判断能力；但对任何违背会计准则的重要事项都应该在财务报告中加以披露并解释其原因。为了避免会计人员滥用该项规定，由会计职业团体组成的会计团体协商委员会(CCAB)特别强调，其成员团体所属的职业会员应根据会计准则来编制财务报表和从事独立审计业务。英国职业组织还非常关注会计职业教育和培训工作，已积累丰富经验并建立完备的在职培训制度。会计职业组织同时十分注重职业道德的提升和审查处分制度。英格兰和威尔士特许会计师协会为会员制定职业道德指南，提供职业道德咨询。我国目前最具影响的两个会计职业组织是中国会计学会和中国注册会计师协会。英国会计职业组织给我们的启示：一是注册会计师与社会公众利益密切相关，由于注册会计师职业团体的利益与社会公众不尽一致，社会公众理应要求加强对注册会计师的监管。二是对高度自律注册会计师行业进行改革，这并不意味着对其全盘否定，自律是行业是否成熟的标志。独立的监管体系可以满足社会公众对注册会计师的监管，是对注册会计师行业自律的更高要求。三是政府对注册会计师直接进行监管并非唯一有效的方式，还需要通过非立法途径建立一个有效、透明、独立的监管体系。

(4)加强会计职业管理

会计职业管理是会计模式中不可忽略的重要内容，职业管理的高低优劣对于可否有效实施会计规范有直接影响。英国会计模式的经验在这方面最值得我们认真借鉴。从我国目前的情况来看，只有“注册会计师协会”、“中国会计学会”、“中国成本研究会”三家会计职业组织。据统计我国目前的会计在职人员有1200万之多，而注册会计师协会会员为13万人，其中执业注册会计师为6.5万多人，而且执业人员中通过正规考试获得执业资格的尚不足一半。按目前的增长比例，与30万注册会计师的既定目标相距甚远。注册会计师协会会员仅占会计从业人员总数的1%，可见目前我国缺乏权威性的职业组织对另外99%的会计从业人员进行有效的行业管理和业务指导，更不用说通过职业组织的工作促进会计准则的实施和发展。至于行业协会的组建手续、权力范围、工作方式等问题，可以根据我国的国情来设计，并可以根据形势的发展变化进行调整和改革。

(5)积极推进中国会计准则的国际协调和趋同

在经济全球化势不可挡的背景下，建立公认的、合理公正的会计准则，尽量达到国际会计协同就显得尤为重要。这既有助于世界经济的稳定和发展，又有利于新兴发展中国家的经济繁荣与发展。目前我国会计准则体系建设已经完成，这标志着适应我国市场经济发展要求、与国际惯例趋同的企业会计准则体系和注册会计师审计准则体系正式建立，并借此向全世界发出了一个清晰的信号，那就是中国的会计职业界致力于提高透明度和执行高水准的执业准则，这不仅有利于会计职业，更为重要的是有利于中国完善市场经济体制，提高对外开放水平[18]。

第六章 总 结

国家级新区以及自贸区的快速发展使得会计的工作环境在不断发生变化，传统的会计理论与会计制度很难适应新环境，为了创新会计工作环境，增强会计行业的适应性，需要在现有会计制度的基础上，不断对会计制度与会计理论进行创新。新的经济环境下，进行会计制度的创新具有重要意义，对传统会计工作经验的总结，是形成新的会计制度与经验的基础，全面的、富有创新性的会计制度需要对会计理论进行深入的研究与探讨，形成制度创新的基本内容与方向，同时还需要注意在制度创新的过程中可能产生的问题。

1. 会计制度创新的基本要求

在处理会计事务的过程中，常常需要进行业务的确认、记录、计量等，开展这些工作必须遵循一定的原则、程序与方法，所有的这些程序、原则与方法便是人们常说的会计制度。会计制度的创新需要遵循一定的原则，创新的会计制度要符合规范性的要求，我国有特有的会计规范形式，这些会计制度应符合国家的政治制度。国家的法律法规是长远发展的保证，因此，会计制度需要符合法律法规。会计制度的创新还需要符合会计准则，会计准则具有法规效力，新的会计制度的设计需在符合会计准则的基础上，不断拓宽会计核算的范围，在会计报告制度层面进行创新。会计制度的创新还需要符合会计信息质量的要求，有效的信息质量是保证会计目标实现的前提，因此，会计信息一定要可靠、及时、高效。高质量的会计信息要足够清晰，能够保证使用者理解信息的内容，正确地使用会计信息。

2. 新的经济环境下会计制度的创新

(1)会计核算制度的创新

随着国家级新区和自贸区的不断发展，无形资产与人力资产显示了公司的财务状况，揭示了企业未来发展的潜能，是企业市场价值与未来发展的重要决定因素。创新会计核算制度的范围，需要拓展无形资产与人力资产两项内容。无形资产会计，需明确对无形资产的定义，根据公司对无形资产的定义，将品牌、自创商誉、知识产权等划分为无形资产的内容。而对于一些知识型的企业，无形资产的范围不断拓展，包括著作权、专利权等内容，企业的可持续发展能力、技术创新能力等不可辨认的无形资产的地位也在企业中不断得到凸显。明确无形资产的内容后，则需采用有效的计量方法对无形资产的价值进行计量。传统的历史成本价值已经不适用于无形资产的计量。新的经济环境下，无形资产的计量应当以取得时的投入价值为基础，开展初始确认与计量工作，从而不断实现未来现金流量的折现价值。在计量时，需要权威性的中介机构协助计量，从而快速高效地完成计量工作。新的经济环境下，无形资产的账面价值在不同的时间点是不同的，需要根据无形资产的特征，采用不同的方法进行无形资产的摊销。有使用期限的无形资产，采用受益期内平均摊销的形式进行摊销，而实际价值不明确的无形资产，则在会计期末与上期期末的账面价值比较后，进行相应的价值增加与减少处理。除了无形资产增加至会计核算范围，人力资产也需要增添至会计核算范围。人力资源会计需要对人力资源进行计量、确认与记录。人力资源会计审核的主要内容便是那些成为现实生产要素的劳动力资源。有效的人力资源价值计量，需要明确人力资源的内容，对人力资源进行确认。人力资源是一种资产，因此存在初始确认与再确认的问题，因为人力资源的价值处在不断的变化中。人力资源价值的计量需要开展两方面的工作，一是投资的计量，二是价值的计量。企业应当根据经济价值，采用科学的方式对人力资源的投资进行计量。对于人力资源的经济价值，可以采用货币单位的形式进行计量。为满足信息使用者的相关需求，也可提一些非货币型的计量指标。

(2)会计报告制度的创新

会计报告制度的创新，可以增添会计披露的范围，在反馈企业财务类信息的同时，增添一些知识资源类的信息。对于一些跨国公司，或者多元化的经营集团，可以对地区分布与业务分布的信息进行披露。会计报告制度创新，还体现在会计披露方式的革新，定期报告与实时报告相结合，实时报告对重大的财务事项以及财务指标进行披露，传递最新的会计信息。会计报告也可采用电子媒体的形式，体现新时代信息获取的便利性。信息的受众可以直接通过网络部门获取需要的信息。在新的经济环境下，会计报告的结构也需要不断得到调整。在原有的报告体系的基础上，增添“相关性非财务报告”这项内容，扩充会计报告体系。在新增添的内容中披露企业的资金投入状况、预期回报率、技术创新基本情况等内容，能够反映企业未来持续的发展动力，显示企业的技术创新能力、竞争能力等内容，让企业可以做好规划，并对企业未来的发展情况作出预测，及时规避风险，并且了解风险出现的概率，对机会进行预测。随着时代的发展，企业与社会间的关系越来越密切，企业承担着诸多的社会责任，因此，在财务报告中需要反映企业关乎社会发展的一面，例如企业的整体绿化情况，企业的污染治理情况，企业对整个社会的贡献情况等。

3. 结语

新经济环境对传统的会计制度提出了新的要求。会计制度必须在传统经验的基础上，不断创新，以适应现代企业的发展。我们要从会计制度创新的基本要求出发，明确会计创新的方向，增添会计核算的内容，对无形资产与人力资产进行核算，改革传统的会计报告制度，不断完善现代会计制度，促进现代企业发展。

参考文献

[1] 姜铭，雷仲敏，曲卉青. 我国城市新区发展的战略观察与思考. 城市，2014(10)：35-40.

[2] 李蕊爱. 我国会计制度的变迁及前景展望. 中国国情国力，2010(3)：25-27.

[3] 王成敬. 我国增值税会计问题研究. 重庆：西南大学，2008：47.

[4] 刘中虎. 增值税的社会经济效应与"营改增"问题研究. 武汉：武汉大学，2013：115.

[5] 龚辉文. 关于增值税、营业税合并问题的思考. 税务研究，2010(5)：41-43.

[6] 杨芳. 滨海新区中小企业融资新模式：金融租赁及其税收支持. 特区经济，2011(2)：73-74.

[7] 聂佳媛. 浅谈滨海新区融资租赁金融模式创新. 天津经济，2013(5)：51-53.

[8] 田海鹰，朱勇. 船舶融资租赁助推舟山群岛新区航运发展的可行性探讨. 中国水运(下半月)，2013(11)：52-54，57.

[9] 李鸿阶. 世界自贸区发展趋势与福建自贸区建设选择. 学术评论，2014(2)：37-43.

[10] 胡怡建. 上海自贸区税收政策：创新·探索. 中国税务，2014(3)：40-42.

[11] 肖本华，沈晓阳. 上海自贸区发展融资租赁研究. 上海金融学院学报，2014(3)：24-31.

[12] 陈伟仕，王晓云. 完善前海深港自贸区税收政策体系的探索. 税务研究，2014(9)：74-76.

[13] 屈东升. 天津东疆自由贸易港区发展建设研究. 大连：大连海事大学，2014：65.
[14] 阎勇. 美国会计制度对我国的借鉴. 现代企业，2008(10)：69-70.
[15] 戴新民，凌代山. 日本会计模式对我国会计制度建设的启示. 安徽工业大学学报(社会科学版)，2008(3)：45-46.
[16] 林静敏. 新加坡会计发展及启示. 财会通讯(综合版)，2007(6)：97-98.
[17] 叶陈毅，连珂，张侠. 英国会计法规制度及其借鉴. 财会通讯(综合版)，2007(4)：81-82.